Leserabe

3. Lesestufe

Manfred Mai

W0072319

Fußballgeschichten vom Superteam

Mit Bildern von Heribert Schulmeyer

Ravensburger Buchverlag

Bibliografische Information der Deutschen Nationalbibliothek:

Die Deutsche Nationalbibliothek verzeichnet diese Publikation
in der Deutschen Nationalbibliografie.
Detaillierte bibliografische Daten sind im Internet
über **http://dnb.d-nb.de** abrufbar.

1 2 3   14 13 12

Ravensburger Leserabe
© 2007 und 2012
Ravensburger Buchverlag Otto Maier GmbH
Umschlagbild: Heribert Schulmeyer
Umschlagkonzeption: Sabine Reddig
Redaktion: Marion Diwyak
Printed in Germany
ISBN 978-3-473-36279-0

www.ravensburger.de
www.leserabe.de

Inhalt

Manfred Mai

Eine Klasse
im Fußballfieber

Inhalt

Das Wichtigste im Leben

Nach der großen Pause steht Deutsch
auf dem Stundenplan der Klasse 4b.
„Vielleicht liest uns Herr Ammann mal
wieder etwas vor", sagt Lisa zu ihrer
Freundin Aylin.

„Glaub ich nicht, wir müssen bestimmt wieder fürs nächste Diktat üben."

„Red bloß nicht von Diktat", sagt Michi, der neben Aylin steht. „Wenn ich das Wort nur höre, dreht sich mir schon der Magen um." Er würgt und tut so, als käme ihm sein Pausenbrot gleich wieder hoch.

Aylin geht in Deckung.

„Michi, du bist ein Ferkel!", sagt Lisa.

„Lieber ein Ferkel, als eine blöde Ziege wie du", gibt er zurück.

„Bäh!", macht Lisa und streckt ihm die Zunge raus.

„Du hast ..." Mitten im Satz bricht Michi ab und flitzt an seinen Platz, weil Herr Ammann hereinkommt.

Als alle sitzen, sagt Herr Ammann: „Bevor wir mit dem Unterricht beginnen, muss ich euch noch etwas sagen. Der Chef der Firma Beck ist ein Fußballfan. Er möchte, dass wieder mehr Jungen und auch Mädchen Fußball spielen. Deshalb hat er einen Pokal gestiftet. Alle vierten Klassen unserer Stadt sollen in den Wochen vor Pfingsten gegeneinander antreten. Wer gewinnt, bekommt den Pokal."

„Der Pokal gehört uns!", ruft Götze, der eigentlich Daniel heißt. Aber alle nennen ihn nur Götze, weil Mario Götze sein großes Vorbild ist.
Für Götze gibt es nichts Wichtigeres als Fußball. Er spielt in der D-Jugend des FC Winterlingen und gilt als sehr

talentiert. Zweimal wurde er schon zu Lehrgängen des Württembergischen Fußballverbandes eingeladen.

„Langsam, langsam", bremst ihn Herr Ammann. „Man soll das Fell des Bären nicht verteilen, bevor er erlegt ist."

„Welches Fell?", fragt Götze, dessen Kopf nicht so schnell ist wie seine Beine.

„Das ist ein Sprichwort", erklärt Herr Ammann, „und es bedeutet, man soll erst feiern, wenn man den Sieg wirklich errungen hat."

„Ach so." Götze lehnt sich zurück. „Ist doch klar, wer den Pokal gewinnt. Und wenn wir in den Wochen bis Pfingsten noch fleißig trainieren, haben die andern gegen uns keine Chance."

„Angeber!", ruft Lisa.

„Halt die Klappe, du blöde Ziege! Du hast doch keine Ahnung von Fußball."

„Na, na!", tadelt ihn Herr Ammann. „Wir wissen alle, dass du hier der Oberfußballer bist. Aber deswegen brauchst du nicht so grob zu werden. Und wer den Pokal gewinnt, ist noch lange nicht entschieden. Die anderen Schulen haben sicher auch gute Mannschaften. Die kennst du so wenig wie wir. Woher willst du wissen, wie sie spielen? Vielleicht haben sie keinen Superfußballer wie dich, aber auch ein Götze macht noch lange keine Mannschaft!"

Götze verschränkt die Arme vor der Brust und schmollt.

„Gleich morgen Nachmittag treffen wir uns auf dem Sportplatz", sagt Herr Ammann. „Dann können wir alles Weitere klären und mit dem Training beginnen. Wer Kickschuhe hat …"

„Ich!", rufen ein paar Jungen.

„… lässt sie schön zu Hause. Wir
trainieren in Turnschuhen."
„Och, das ist ja doof", brummen die
Jungen enttäuscht.
„Keine Diskussion, und jetzt ist Schluss
mit dem Thema, schließlich gibt es noch
wichtigere Dinge im Leben als Fußball."
„Für mich nicht!", ruft Enes.

„Abwarten", sagt Herr Ammann und greift in seine Tasche. Er holt ein Buch heraus, setzt sich auf den Lehrertisch und beginnt zu lesen:

„Hast du schon mal geküsst?", fragt Antonia.
Maren nickt.
„Wirklich?" Antonia ist überrascht. „Wen denn?"
„Meinen Papa", antwortet Maren.

Antonia verdreht die Augen. „Das meine ich doch nicht. Ich meine, ob du schon mal einen Jungen geküsst hast."

Maren kichert.

„Hast du nun, oder hast du nicht?"

„Spinnst du?", fragt Maren und schüttelt heftig den Kopf.

Antonia schaut zu Leonie. „Und du?"

„Nö", sagt Leonie nur. Sie mag darüber nicht reden. Aber Antonia fängt immer wieder davon an.

„Hast du denn schon einen geküsst?", möchte Maren jetzt von Antonia wissen. Dabei kichert sie wieder.

„Fast", sagt Antonia.

„Wie fast?", hakt Maren nach.

Herr Ammann klappt das Buch zu und hebt den Kopf.

„Weiterlesen!", rufen die Ersten.

„Gefällt euch der Anfang der Geschichte?"

„Ja!!! Bitte lesen Sie weiter!"

Herr Ammann schmunzelt. „Das Buch heißt **Leonie ist verknallt**, und damit werden wir uns in den nächsten Deutschstunden beschäftigen."

Er geht zum Wandschrank, holt einen Stapel Bücher heraus und lässt sie verteilen. Sofort beginnen die Kinder zu lesen. Auch Götze schlägt das Buch auf. Da stößt ihn sein Freund Enes in die Rippen und zischt: „Seit wann liest du denn so was?"

„Ich … äh … ich … wollte nur …", stottert Götze und klappt das Buch wieder zu.

„Wir lesen doch keine Bücher, in denen dauernd geknutscht wird", sagt Enes und verzieht das Gesicht, als hätte er in eine Zitrone gebissen.

Das erste Training

Am Nachmittag beginnt Herr Ammann
den Sportunterricht mit einem „kleinen
Aufwärmprogramm", wie er es nennt:
Warmlaufen, Gymnastik, Dehnen. Die
meisten Kinder murren, weil sie das
hassen. Einige sind schon nach diesem
Aufwärmprogramm ziemlich geschafft
und lassen sich auf den Rasen fallen.

„Wer jetzt schon außer Puste ist, kann nicht in der Mannschaft mitspielen", sagt der Lehrer.

„Will ich auch gar nicht", murmeln einige.

„Aber ich", sagt Julia zu ihrer Freundin Marie. „Unbedingt!"

Die ist nicht überrascht, denn neuerdings interessiert sich Julia sehr für Fußball. Schuld daran ist Florian aus der 4a. In den hat Julia sich nämlich verliebt, weil sie ihn soooo süß findet. Davon weiß er allerdings noch nichts. Julia hatte bisher nicht den Mut, es ihm zu sagen. Aber vielleicht kommt sie ja über den Fußball an Florian heran.

Herr Ammann rammt zweimal acht Stangen in den Boden.

„Stellt euch bitte in zwei Gruppen auf. Immer abwechselnd ein Junge, ein Mädchen, ein Junge, ein Mädchen."

Dann läuft er Slalom um die Stangen und macht vor, wie der Ball geführt werden soll: Umkurvt man die Stange rechts, mit dem Innenrist, umkurvt man sie links mit dem Außenrist.

„Bei Linksfüßern ist es genau umgekehrt", erklärt Herr Ammann.

„Das ist ja babyleicht", sagt Götze, der sich an die Spitze einer Gruppe gestellt hat.

„Beim ersten Durchgang kommt es noch nicht auf die Schnelligkeit an", sagt Herr Ammann. „Wichtig ist nur, dass ihr den Ball richtig führt."

Götze zischt trotzdem wie der Blitz durch die Stangen. Doch Cihan, sein Gegner aus der anderen Gruppe, bleibt nur wenig hinter ihm. Auch andere zeigen, dass sie mit dem Ball schon recht gut umgehen können. Aber manche Mädchen und Jungen haben große Mühe, den Ball durch die Stangen zu bugsieren. Bei einigen rollt der Ball nicht dahin, wo sie ihn haben wollen, sondern sie müssen dem Ball hinterherrennen. Der Lehrer gibt viele Ratschläge, und beim dritten Durchgang sieht alles schon besser aus. Dennoch sind die Unterschiede riesig. Die zeigen sich auch bei der nächsten Übung, dem Zuspielen des Balls auf zehn

Meter Entfernung. Manche bringen den
Ball gar nicht so weit, andere kicken ihn
an ihren Gegenübern vorbei. Wieder
hilft der Lehrer mit Tipps, zeigt, wo
das Standbein stehen und wie das
Schussbein den Ball treffen muss.

Hannes, der von den meisten nur
Dicki genannt wird, verliert bei dem
Versuch, gegen den Ball zu treten, das
Gleichgewicht und plumpst auf den Po.

„Ich kann das nie", meckert er, „und ich will es auch gar nicht können! Ich spiele lieber mit dem Computer, da schlage ich alle!"

„Und ich reite lieber, das ist viel schöner als gegen einen blöden Ball zu treten!", ruft Michelle.

„Ihr sollt ja auch keine Fußballprofis werden", sagt Herr Ammann, „aber Bewegung hat noch keinem geschadet."

„Ich bewege mich genug", meint Philipp, der ein guter Turner ist. „Dazu brauche ich keinen Fußball."

„Für dich trifft das zu, aber andere haben viel zu wenig Bewegung. Trotzdem …"
Der Lehrer hält inne und denkt nach.
Dann murmelt er leise vor sich hin: „Wenn wir eine gute Mannschaft stellen wollen, müssen wir richtig trainieren und das geht so nicht."

Enes hat alles gehört. „Genau! Mit den
Flaschen können wir nicht trainieren,
die treffen ja keinen Ball."
Obwohl Herr Ammann ähnlich denkt,
gefällt ihm Enes' Ton nicht. „Die 4b hat
jetzt Sport. Ich kann nicht die Kinder nach
Hause schicken, die keine Fußballer sind."

„Wir können doch beim Aufwärmprogramm
und solchen Sachen mitmachen", schlägt
Philipp vor und erntet dafür böse Blicke.
„Wenn die Fußballer dann trainieren,
schauen wir zu."
„Ja, wir sind die Fans!", ruft Lisa. „Wenn
unsere Klasse gegen andere Klassen

spielt, feuern wir sie an. Jede Mannschaft braucht Fans, wenn sie gewinnen will."

„Hm." Herr Ammann fährt sich durchs Haar. „Für ein paar Wochen könnten wir es so machen, wenn alle einverstanden sind. Wer möchte denn nicht spielen und lieber Fan sein?"

Sechs Mädchen und drei Jungen strecken die Hände hoch.

„Oh, das sind aber viele." Herr Ammann ist etwas überrascht. „Bringen wir mit dem Rest überhaupt noch eine Mannschaft zusammen?"

„Wir sind nicht der Rest", wehrt sich Götze, „wir sind die Spitze! Und wenn jetzt noch Flori, Alex und Slatti aus der 4a zu uns kommen, sind wir unschlagbar."

„Wie kommst du denn darauf, dass jemand von der 4a bei euch mitspielt?", fragt der Lehrer verwundert.

„Sie haben doch gesagt, jede Schule stellt eine Mannschaft und die spielen um den Pokal", antwortet Götze.

„Da hast du mal wieder nicht richtig zugehört, Daniel. Ich habe gesagt, alle vierten Klassen unserer Stadt spielen um den Pokal. Unsere Schule hat zwei vierte Klassen, die Schulen der anderen Stadtteile jeweils nur eine. Da wäre es doch ungerecht, wenn wir aus zwei Klassen eine Mannschaft bilden könnten. Auf Unterstützung der 4a kannst du also nicht hoffen."

„Das ist ja doof", brummt Götze, der sich alles schon so schön vorgestellt hatte.

„Aber gerecht", sagt Herr Ammann. „Und noch etwas: In jeder Mannschaft müssen mindestens drei Mädchen spielen, das hat der Pokalstifter ebenfalls bestimmt."
Davon sind einige Jungen gar nicht begeistert. Doch da in der 4b nur zwölf Jungen sind, von denen drei nicht mitspielen wollen, sind sie ohnehin auf die Mädchen angewiesen.

Kribbeln im Bauch

Götze liegt auf seinem Bett und liest.
Er ist so in die Geschichte vertieft, dass
er nicht hört, wie die Tür aufgeht und
jemand ins Zimmer kommt.
„Wenn du nicht Fußball spielst, liest du
Fußballbücher", seufzt seine Mutter.
„Gibt es denn nichts anderes, was dich
interessiert?"
Götze fährt herum. „Mama! Du sollst nicht
immer so hereinschleichen!"
„Ich bin nicht geschlichen", verteidigt
sich seine Mutter. „Aber wenn du ein
Fußballbuch liest, hörst und siehst du
nichts mehr."

„Ich lese kein Fußballbuch."

„Was denn dann?" Sie greift nach dem Buch und liest den Titel: **Leonie ist verknallt**. Ein Lächeln zieht über ihr Gesicht. „Das muss ja ziemlich spannend sein, wenn du es freiwillig liest."

„Es ist oberlangweilig und freiwillig lese ich es auch nicht", entgegnet Götze mit roten Backen. „Wir müssen bis morgen zwei Kapitel lesen." Er greift nach dem Buch. „Gib her, damit ich es hinter mich bringe!"

„Ach, das lest ihr gemeinsam in der Schule?"

„Mhm", macht Götze nur.

„Ist das nicht ein wenig früh?"

„Wieso früh?"

„Na, mit verlieben und so, meine ich."

„Wir sind doch keine Babys mehr!"

„Soso." Jetzt muss seine Mutter

schmunzeln. „Warst du denn auch schon
mal verknallt?"

Diesmal wird Götze rot bis zu den Ohren.
Trotzdem spielt er den Coolen und sagt
nur: „Klar, was denkst du denn!"

„Davon weiß ich ja gar nichts."

„Geht dich auch gar nichts an."

„Stimmt!", sagt seine Mutter und wuselt
ihm durchs Haar. Während sie zur Tür
geht, dreht sie sich noch einmal um.

„Viel Spaß beim Weiterlesen!"

Kaum ist seine Mutter draußen,
sucht Götze die Stelle, wo sie ihn
unterbrochen hat. Obwohl er kein

großer Leser ist, schafft er die zwei Kapitel locker – und er kann auch dann nicht aufhören. Nur einmal stockt er, nämlich an der Stelle, wo Leonie und Florian sich zum ersten Mal küssen. Ihm wird ganz heiß. Er dreht sich auf den Rücken und starrt an die Decke. Wie mag sich Küssen wohl anfühlen?, fragt er sich. Natürlich hat er schon geküsst: Mama und Papa – und auch seine Omas drücken ihm zur Begrüßung und zum Abschied immer Küsse auf die Backen. Dieses Geknutsche mag Götze überhaupt nicht. Manchmal findet er es sogar richtig eklig. Bestimmt ist es ganz anders, wenn man ein Mädchen küsst, das man mag, denkt er. Sofort sieht er Sophia vor sich und spürt wieder das Kribbeln in seinem Bauch. Als Sophia gestern in der Zeichenstunde neben ihm

saß, um ihm beim Malen eines Elefanten
zu helfen, hat er dieses Kribbeln zum
ersten Mal gespürt. Sie war so nah,
dass er sie riechen konnte. Und sie roch
gut. Sehr gut sogar! Ihm wurde irgendwie
schwummerig und er fühlte sich so leicht,
als schwebte er.

Die gut riechende Sophia zu küssen
wäre bestimmt schön, denkt Götze.
Viel schöner als das Küssen von Mama,
Papa oder gar den Omas.

Doch er kann sich nicht vorstellen, es zu tun. Und selbst wenn er den Mut hätte, vielleicht möchte Sophia ihn gar nicht küssen. Vielleicht findet sie ihn doof? Aber hätte sie ihm dann so einen schönen Elefanten gemalt?

Götze spitzt die Lippen und drückt sie gegen seinen Handrücken. Dann legt er zwei Finger wie zu einem Mund zusammen und küsst sie. Na ja, das fühlt sich nicht gerade berauschend an. Er greift nach dem Buch und liest noch einmal, wie Leonie und Florian sich küssen. Die beiden scheinen es jedenfalls gut zu finden. Und im Fernsehen knutschen sie auch dauernd herum, denkt Götze. Also kann es wohl nicht so eklig sein.

Er dreht sich wieder auf den Bauch und liest, weil er wissen möchte, wie es mit Leonie und Florian weitergeht.

Später schaut seine Mutter noch mal herein. Als sie sieht, dass er noch immer liest, stört sie ihn nicht, obwohl es höchste Zeit zum Schlafen ist. Sie schleicht auf Zehenspitzen hinaus und lächelt zufrieden.

Doppelpass

Zweimal haben sich die Fußballerinnen und Fußballer schon zum Sondertraining auf dem Sportplatz getroffen.
Heute teilt Herr Ammann die Kinder in zwei Mannschaften ein und lässt sie gegeneinander spielen, um zu sehen, wie sich die Einzelnen anstellen. Es wird schnell deutlich, dass sich Götze und Enes auf der einen Seite, Cihan, Louis und Alessio auf der anderen Seite den Ball fast nur gegenseitig zuspielen. Auch

wenn die anderen Mädchen und Jungen mitlaufen und sich anbieten, bekommen sie ihn kaum. Nur Sophia wird zweimal von Götze angespielt.

„Stopp!", ruft Herr Ammann. „Daniel, Enes, Cihan, Louis, Alessio, kommt bitte mal zu mir!" Als die fünf Jungen vor ihm stehen, sagt er: „Dass ihr gute Fußballer seid, das weiß ich. Aber wenn ihr den anderen keinen Ball abgebt, kann ich nicht sehen, wie gut sie sind. Sie sollen jetzt mal ohne euch spielen."

Die Fünf protestieren, doch der Lehrer bleibt hart. Und ohne die „Stars" können einige Mädchen und Jungen erst zeigen, was in ihnen steckt. Pauline, Aylin, Julia und Sophia leben regelrecht auf. Auch Joschka und Paul macht das Spiel jetzt sichtlich mehr Spaß. Herr Ammann beobachtet sie genau, um zu sehen, wo

sie ihre Stärken und Schwächen haben.
Aylin und Julia können gut mit dem Ball
umgehen, doch ihnen fehlt noch der Blick
für die Mitspieler. Sophia hat ein gutes
Auge für Spielsituationen und bietet sich
geschickt an, ist im Abschluss allerdings
schwach. Pauline ist schnell und wendig,
aber leider verstolpert sie öfter den Ball.

Ihre Stärke liegt eindeutig im Zerstören
des gegnerischen Spiels. Ähnliches gilt
für Paul, der im Zweikampf sehr geschickt
ist, der jedoch nichts mit dem Ball

anzufangen weiß, wenn er ihn erobert hat.
Ein völlig anderer Spielertyp ist Joschka,
der ballsicher ist, gute Pässe schlagen
kann und Zweikämpfe nach Möglichkeit
vermeidet.

Laura, Yasimin und Josip geben sich
zwar Mühe, haben jedoch große
Schwierigkeiten beim Spiel mit und
ohne Ball. Bei Josip ist das allerdings
nicht schlimm, weil er als Torhüter der
D-Jugend des FC Winterlingen bei
richtigen Spielen sowieso im Tor stehen
wird.

Warum Rosali und Hülya sich zum Fußball gemeldet haben, ist Herrn Ammann ein Rätsel. Beide sind völlig untalentiert und stehen den anderen mehr im Weg, als dass sie mitspielen. Herr Ammann ruft alle zu sich und sagt ihnen, was er beobachtet hat. Dann ordnet er spezielle Übungen für die Mädchen und Jungen an, je nachdem, welche Stärken und Schwächen sie haben. Einige müssen lernen, den Ball zu führen, ohne ständig auf ihn zu schauen; andere sollen versuchen, aus dem Lauf heraus möglichst genau zuzuspielen; manche müssen üben, den Ball so anzunehmen, dass er nicht drei, vier Meter vom Fuß wegspringt.

Zu jeder Gruppe schickt Herr Ammann einen oder zwei der besseren Fußballer, die den anderen helfen sollen.

Götze freut sich, dass Sophia in seiner Gruppe ist. Als ihr ein Zuspiel völlig misslingt, läuft er mit dem Ball zu ihr und stellt sich neben sie.

„Du darfst nicht mit der Pike kicken, du musst mit dem Innenrist zuspielen." Sophia guckt ihn fragend an und sofort regt sich etwas in Götzes Bauch. Für einen Moment vergisst er, wo er ist. Er hat nur Augen für Sophias Gesicht. Dann sieht er, wie sich ihre Lippen bewegen, aber es dauert eine Weile, bis ihn die Worte erreichen.

„Was ist eine Pike?"

„Äh … was … ach so …. ja", stammelt
Götze. „… zu der Schuhspitze sagt man
Pike. Und das hier", er klopft mit der Hand
an die Innenseite seines rechten Schuhs,
„das ist der Innenrist. Mit dem musst du
zuspielen, das ist sicherer."

„Schieß mal", bittet Sophia.
Götze freut sich, dass er Sophia etwas
zeigen kann. Er legt den Ball zurecht und
macht es langsam vor. Zuerst im Stand,
dann aus dem Lauf.

„Ich glaub, ich hab's kapiert", sagt Sophia.
Sie nimmt den Ball, stellt den linken Fuß
so neben ihn, dass er in Richtung Pauline
zeigt. Dann holt sie mit dem rechten Bein
Schwung und tritt mit dem Innenrist gegen
den Ball, der Pauline vor die Füße rollt.
„Ich kann's! Ich kann's!", ruft sie und
springt vor Freude in die Luft.
„Ich probier's auch mal so", sagt Paul,
der genau aufgepasst hat. Und auch
sein Pass kommt an.
Herr Ammann tritt neben Götze und klopft
ihm auf die Schulter. „Du bist ein guter
Trainer", lobt er ihn. „Sie sollen erst mal
aus dem Stand zuspielen, dann aus dem
Lauf."
Sophia, Pauline, Paul und Lukas strengen
sich an und mit Götzes Hilfe klappt es
immer besser. Beim Zuspielen aus dem
Lauf gibt es zwar noch etliche Fehlpässe,

doch die Fortschritte sind nicht zu übersehen. Auch in den anderen Gruppen wird konzentriert gearbeitet. Nach einer halben Stunde bläst der Lehrer in seine Trillerpfeife und versammelt die Kinder um sich.

„Ihr seid einen großen Schritt weiter-gekommen", lobt er sie. „Jetzt bilden wir wieder zwei Mannschaften und versuchen, das Gelernte gleich im Spiel umzusetzen." Während Herr Ammann redet, stellt sich Götze unauffällig neben Sophia. Vielleicht hat er ja Glück und kommt so in ihre Mannschaft – Es klappt!

„Denkt dran, den Ball abzugeben", mahnt Herr Ammann, „besonders die Profis. Denn alle wollen und sollen mitspielen!" Dann wirft er den Ball ein und das Spiel beginnt. Cihan erwischt das runde Leder und stürmt sofort in Richtung Tor.

„Spiel ab!", ruft Götze.

Doch Cihan denkt nicht daran. Er umkurvt
drei Gegenspieler und schiebt den Ball
zwischen die zwei Stangen, die Herr
Ammann als Tor aufgestellt hat.

„Tor!", jubelt Cihan.

Doch außer ihm jubelt niemand. Im
Gegenteil: Götze kommt wütend auf ihn
zu. „Wir sollen miteinander spielen, hat

Herr Ammann gesagt, und du gibst nicht
ab, nur weil du ein Tor schießen willst.
Du bist echt doof!"
Cihan zeigt ihm den Stinkefinger.
„He, pass bloß auf!"
„Cihan!", ruft Herr Ammann. „Noch eine
solche Aktion und du spielst nicht mehr
mit!"
Cihan brummt auf Türkisch etwas vor sich
hin, was niemand versteht. Das Spiel geht
weiter und alle bemühen sich, den Ball
von Spieler zu Spielerin laufen zu lassen.
Mit der Zeit werden auch die sicherer, die
nicht im Verein sind. Einmal jagt Pauline
Alessio sogar den Ball ab und kickt ihn
sofort zu Götze. Der läuft ein paar
Schritte, schaut und sieht Sophia halb
rechts mitlaufen. Er lockt Aylin von ihr
weg, indem er so tut, als steuere er direkt
aufs Tor zu. Als sie ihn angreift, schiebt

Götze im richtigen Moment den Ball an ihr vorbei in den Lauf von Sophia. Die zögert nicht lange, zielt mit dem Innenrist aufs Tor – und trifft. Sie springt vor Freude in die Luft.

„Das war super!", ruft der Lehrer begeistert. „So müsst ihr miteinander spielen, dann werdet ihr eine gute Mannschaft!"

Ein Liebespaar

Nach dem Training machen sich die Kinder auf den Heimweg. Die meisten sind mit dem Fahrrad gekommen und zischen nun in verschiedene Richtungen ab. Rosali, Sophia, Louis, Cihan und Götze wohnen nicht weit vom Sportplatz entfernt und gehen zu Fuß. Schon nach wenigen Metern schiebt sich Götze neben Sophia. Als sie ihn bemerkt, strahlt sie ihn an. Götze wird es ganz heiß.

„Ohne deine Tipps und dein genaues

Zuspiel hätte ich nie ein Tor geschossen",
sagt Sophie. „Ich freu mich so."

„Ich auch." Mehr bringt Götze nicht
heraus. Dabei würde er ihr gerne etwas
sagen, aber nicht hier, wo es die anderen
hören können.

„Wenn wir weiter so trainieren, gewinnen
wir vielleicht den Pokal", meint Sophia.
Während sie redet, geht Götze etwas
langsamer. Sophia ist so mit Fußball und
dem Pokal beschäftigt, dass sie es nicht
bemerkt und automatisch auch kleinere
Schritte macht, um neben Götze zu
bleiben. Bald sind zwischen ihnen und
den anderen mehrere Meter Abstand.

„He, wo bleibt ihr denn?", ruft Rosali.

„Guckt mal, die sehen aus wie ein
Liebespaar", stichelt Louis.

„Passt auf, gleich küssen sie sich",
feixt Cihan.

Götze stürmt los und schlägt nach
ihm. Cihan wehrt sich, hat gegen den
wütenden Götze jedoch keine Chance
und flieht.

Auch Louis verzieht sich vorsichtshalber,
damit er nicht noch etwas abbekommt.

„Spinnst du?", fragt Rosali. „Cihan hat dir doch gar nichts getan."

„Halt die Klappe und hau ab!"

„Ich kann stehen, wo ich will!"

Sophia geht an ihr vorbei, ohne ein Wort zu sagen. Götze folgt ihr. Rosali würde ihnen am liebsten hinterherrufen: Ihr seid doch ein Liebespaar! Aber das traut sie sich nicht.

Sophia und Götze gehen ein Stück schweigend nebeneinander. Als sie ihn vorhin angestrahlt hat, hätte er ihr beinahe gesagt, dass er sie mag. Jetzt kann er das nicht mehr. Cihan und Louis haben alles kaputtgemacht. Aber er möchte Sophia so gerne etwas Nettes sagen.

„Wollen wir morgen Nachmittag zusammen trainieren?", bringt er schließlich heraus.

„Gern", sagt sie und freut sich über das
Angebot.

Sie verabschieden sich vor Sophias Haus.
Ein Stück weiter tauchen plötzlich Cihan
und Louis vor Götze auf. Gegen beide hat
er keine Chance, das weiß er.
Doch Götze kann sich nicht vorstellen,
dass Louis sich wirklich mit ihm prügeln
will. Immerhin spielen sie miteinander in
der D-Jugend des FC Winterlingen.
Trotzdem überlegt er, ob er nicht lieber
abhauen soll. Da kommt Cihan schon auf
ihn zu. „Jetzt gibt's Prügel!", droht er.

Auch Louis macht ein paar Schritte, bleibt jedoch hinter Cihan zurück und schließlich stehen. Da ist Götze sicher, dass er von Louis nichts zu befürchten hat, und vor Cihan allein hat er keine Angst.
Der hebt die Fäuste wie ein Boxer. „Ich und Louis werden dir jetzt …" Er schaut sich kurz um und merkt, dass Louis nicht direkt hinter ihm steht. „Louis, was ist?"

„Ach komm, hör auf, das bringt doch nichts", antwortet der.

„Wieso denn auf einmal?", fragt Cihan unsicher. „Wir wollten doch …"

„Vergiss es, ich schlag mich nicht mit Götze."

„Feigling!"

„Der Feigling bist du", gibt Louis zurück. „Du traust dich ja alleine nicht!"

Cihan schaut Louis böse an und beschimpft ihn auf Türkisch. Louis versteht natürlich kein Wort. Aber er ahnt, was Cihan ihm alles an den Kopf wirft. Deswegen sagt er nur: „Du mich auch!"

Weiter schimpfend macht sich Cihan davon.

Götze geht auf Louis zu und boxt ihn leicht gegen den Arm.

„Ich hab das mit dem Liebespaar nicht so gemeint", murmelt Louis.

Götze wird sofort rot.

„Oder seid ihr doch eins?", rutscht es Louis heraus. Er erschrickt selbst über seine Worte und schlägt eine Hand vor den Mund. „Das wollte ich nicht sagen." Wortlos marschiert Götze an ihm vorbei nach Hause.

Eine Überraschung

Im Deutschunterricht führt jedes Kind ein Lesetagebuch zu **Leonie ist verknallt**. Zuerst haben sie sich beim Verlag und im Internet Informationen über den Autor besorgt und das Wichtigste eingetragen. Nun schreiben sie zu jedem Kapitel eine kurze Inhaltsangabe und Herr Ammann stellt Fragen, die sie in ihrem Tagebuch beantworten sollen. Er kopiert auch Bilder aus dem Buch, die die Kinder einkleben und farbig anmalen. Manche geben sich sehr viel Mühe, sodass ihre

Lesetagebücher bald richtigen Büchern ähneln; andere machen die Arbeit lustlos, und entsprechend sehen ihre Werke aus. „Heute habe ich euch ein paar Fragen aufgeschrieben, von denen ihr zwei nicht beantworten müsst, wenn ihr nicht wollt", sagt Herr Ammann, während er ein Arbeitsblatt austeilt:

1. Welche Gefühle erlebt Leonie im Verlauf der Geschichte?
2. Wodurch werden diese Gefühle ausgelöst?
3. Hast du solche Gefühle auch schon erlebt?
4. Warst du auch schon mal „verknallt"?
5. Bist du auch schon eifersüchtig gewesen?

Die Fragen 4 und 5 musst du nicht beantworten, wenn du nicht möchtest.

Kaum hat sie die Fragen gelesen, dreht
sich Lisa um, zeigt auf Julia und sagt:
„Die ist in Flori aus der 4a verknallt."
„Und Götze in Sophia!", ruft Cihan.
Herr Ammann geht energisch dazwischen.
„Schluss damit! Ich habe euch nicht
gefragt, wer eurer Meinung nach in wen
verknallt ist, sondern ob ihr selbst schon
mal verknallt wart. Und jetzt will ich kein
Wort mehr hören! Ihr beantwortet die
Fragen, und zwar jede und jeder für sich!"

Die Kinder beugen sich mucksmäuschenstill über ihre Arbeitsblätter. Auch die
Vorlauten wissen, dass es jetzt ratsam ist,
den Mund zu halten.
Während die Kinder über Leonies Gefühle
nachdenken und schreiben, schielt Götze
mit klopfendem Herzen zu Sophia
hinüber. Sie blättert gerade im Buch und
scheint eine bestimmte Stelle zu suchen.

Plötzlich hält sie inne, dreht langsam den
Kopf und ihre Blicke treffen sich. Götze
spürt sofort die Schmetterlinge im Bauch
flattern und die Hitze in den Kopf steigen.

„He, Daniel, du träumst wohl schon wieder vom Fußball", reißt ihn Herr Ammann aus dem wunderschönen Gefühl. „Hier ist jetzt das Spielfeld!" Dabei tippt er mit dem Zeigefinger auf das Arbeitsblatt – und stutzt. „Oh", sagt er, nimmt das Blatt in die Hand, liest Götzes Antworten und schaut ihn erstaunt an. „Das ist ja ausgezeichnet. Hast du das Buch etwa schon ganz gelesen?"

Götze nickt.

„Hm", macht der Lehrer. „Schön, dass du so viel Spaß am Lesen hast. Das ist wichtig. Es gibt schon genug Fußballer, in deren Kopf nicht viel mehr drin ist als in einem Fußball." Er legt das Blatt wieder hin und geht weiter durch die Reihen.

„Hast du das Buch wirklich schon ganz gelesen?", flüstert Enes.

Götze antwortet nicht.

Enes macht den Hals lang, um Götzes
Antworten lesen zu können. Doch der
dreht das Blatt schnell um.
„Spinnst du, oder was ist los mit dir?"
„Lass mich in Ruhe", sagt Götze nur.
Enes zeigt ihm einen Vogel und rutscht
ein Stück weg.
Herr Ammann klatscht in die Hände. „So,
Kinder, die Zeit ist um. Wer möchte seine
Antworten vorlesen?"
Sofort schnellen ein paar Hände hoch.
Der Lehrer wartet noch einen Augenblick,
da beginnen die ersten mit den Fingern
zu schnippen.
„Wer schnippt, kommt nicht dran", sagt
Herr Ammann. Er schaut Götze
an, aber dessen Hand
bleibt unten.

Ich dich auch

Götze läuft mit dem Ball unter dem
Arm zum Sportplatz. Er ist so aufgeregt
wie sonst nur vor besonders wichtigen
Spielen. Obwohl er zu früh dran ist, sieht
er Sophia schon vor dem Eingang stehen.

„Hallo! Wartest du schon lang?"

„Nö, bin eben erst gekommen."

Sie gehen hinein. Ein paar größere Jungen kicken auf ein Tor.

„Macht nichts", sagt Götze, „in der anderen Hälfte ist Platz genug für uns."

„Machen wir auch ein Aufwärmprogramm wie bei Herrn Ammann?", fragt Sophia.

„Wenn du unbedingt willst", antwortet Götze in einem Ton, der zeigt, dass er dazu keine Lust hat.

Sophia schüttelt den Kopf, dass ihre Haare fliegen. „Nein, nein, überhaupt nicht. Ich spiele viel lieber mit dem Ball."

„Ich auch." Götze guckt Sophia an. Er will in ihr jetzt nicht das Mädchen sehen, in das er heimlich verliebt ist. Sie ist jetzt nichts weiter als eine Mannschaftskameradin, mit der er trainiert.

Sie stellen sich fünf, sechs Meter voneinander entfernt auf und beginnen mit einfachen Übungen: den Ball flach zuspielen und stoppen, immer mit dem Innenrist. Langsam vergrößern sie den Abstand bis etwa 15 Meter zwischen ihnen sind. Sophia macht das recht gut, auch wenn nicht jedes Zuspiel klappt.

„Jetzt probieren wir das Ganze im Laufen", sagt er. „Ich spiele zu dir, du stoppst den Ball, führst ihn ein paar Schritte und kickst ihn wieder zu mir. Dabei ist wichtig, dass der Ball immer ein Stück vor uns ankommt, damit wir weiterlaufen können."

Sophia nickt. Sie trabt los und versucht, alles richtig zu machen. Trotzdem rollt der Ball anfangs mal zu weit nach vorn, mal landet er hinter Götze oder verhungert unterwegs.

„Ich kann das einfach nicht", klagt Sophia, nachdem sie über den Ball gestolpert und gestürzt ist.

„Das stimmt nicht", sagt Götze und läuft zu ihr, „du kannst es schon ganz prima."

„Das sagst du nur, weil …" Sophia stockt und schaut zu Boden.

Jetzt schafft Götze es nicht mehr, in ihr die Mannschaftskameradin zu sehen.

Er hockt sich zu ihr ins Gras, beißt sich auf die Unterlippe und weiß nicht, was er sagen oder tun soll. In Bauch und Brust hat er ein Gefühl, das gleichzeitig weh- und gut tut.

Er reißt Grashalme aus und zwirbelt sie so lange zwischen den Fingern, bis sie kleine Kügelchen sind, die er dann wegschnippt. Eines fliegt Sophia ins Haar. Sie tastet danach, greift jedoch immer daneben.

„Warte", sagt Götze. Er rutscht dicht an sie heran und holt das Graskügelchen aus ihrem Haar. Jetzt riecht Sophia ganz anders als in der Zeichenstunde. Zu dem Duft von damals kommt ein salziger Schweißgeruch und noch ein zarter neuer, den Götze bisher noch nie gerochen hat.

„Ich sag das nicht nur, weil … weil ich dich mag", murmelt er so leise, dass es kaum zu hören ist, und guckt dabei auf den Grashalm zwischen seinen Fingern. „Wirklich?"
Götze nickt. „Du kannst prima Fußball spielen."

„Das meine ich nicht." Sophia schaut ihn an. „Du magst mich wirklich?"
Wieder nickt er.
„Ich dich auch."
Götze schaut Sophia an und weiß nicht, was er jetzt sagen oder tun soll.

„He, was macht ihr denn da?", ruft plötzlich jemand. „Auf dem Sportplatz wird trainiert und nicht mit Mädchen rumgemacht!"
Drei der Jungen, die vorhin auf das andere Tor gekickt haben, kommen

angelaufen. Einer von ihnen erkennt
Götze und fragt: „Seit wann spielst
du denn mit Mädchen?"

Götze antwortet nicht.

„Ich hab dich was gefragt!"

„Das geht dich gar nichts an", brummt
Götze.

„Werd nicht frech, sonst gibt's was aufs
Maul!", droht der Junge.

„Du hast doch vorhin mit der trainiert",
sagt ein anderer. „Kickst du jetzt nicht
mehr beim FCW, sondern lieber mit
Weibern?"

Die Jungen lachen.

„Ihr seid doof!", ruft Sophia.

„Jetzt wird sie auch noch frech, die
Kleine", sagt der Erste. „Na, dann steh
mal auf und zeig, was du kannst!", spottet
er, greift nach Sophias Arm und will
sie hochziehen.

„Pfoten weg!", zischt sie und schlägt ihm
auf die Hand.

„Lass sie los!", ruft Götze wütend.

„Wenn sie nicht will, spielen wir mit eurem
Ball", sagt einer und schnappt ihn. „Los,
kommt!", ruft er seinen Freunden zu.

Sie treiben den Ball über den Platz. Götze
rast hinterher und will ihn zurückholen,
doch gegen drei hat er
keine Chance. Auch als Sophia ihm
zu Hilfe kommt, erwischen sie den Ball
nicht.

„Weil ihr so toll gerannt seid, kriegt ihr
eure Kugel wieder", sagt einer. „Nicht
dass ihr noch zu heulen anfangt." Er kickt
ihn weit in die andere Platzhälfte, dann
schlendern die drei lachend in Richtung
Ausgang.

„Ich könnte die …" Sophia ballt die Fäuste
und fletscht die Zähne.

„Ich auch!"

„Nur weil sie größer sind und zu dritt …!"

„Aber wir haben uns jedenfalls gewehrt",
sagt Götze.

„Genau."

Sie holen den Ball und Götze fragt:

„Sollen wir weitertrainieren?"

„Jetzt hab ich irgendwie keine Lust mehr",
antwortet Sophia.

„Ich auch nicht", sagt Götze.

Dicht nebeneinander gehen sie über den
Platz zum Ausgang.

Die Mannschaftsaufstellung

In den nächsten zwei Wochen nutzen die
Mannschaften der vierten Klassen jede
Gelegenheit zum Training. Und je näher
das erste Spiel rückt, desto nervöser
werden die Mädchen und Jungen – und
ihre Sportlehrer!

„Macht euch nicht verrückt", versucht Herr Ammann seine Klasse zu beruhigen. „Ihr habt gut trainiert und seid fit. Mehr könnt ihr nicht tun. Wenn wir nicht gewinnen, geht die Welt auch nicht unter. Dann sind wir eben gute Verlierer."

„Wir verlieren aber nicht!", rufen einige.
„Das würde mich freuen, doch wie gesagt, es wäre kein Weltuntergang."
Herr Ammann faltet ein Blatt Papier auseinander. „Gestern wurden die acht

teilnehmenden Mannschaften per Los zwei Gruppen zugeteilt. Wir sind mit Harthausen, Stetten und Bitz in einer Gruppe, die 4a ist mit Benzingen, Straßberg und Frohnstetten in der anderen. Die beiden Gruppensieger werden am Samstag vor Pfingsten das Endspiel bestreiten. Morgen Nachmittag beginnen die Gruppenspiele. Unser erster Gegner ist die Grundschule Harthausen."

„Die schlagen wir!", ruft Louis. „Gegen Harthausen haben wir auch mit der D-Jugend gewonnen."

Herr Ammann hebt abwehrend die Hände.
„Am Anfang steht es immer 0:0 und jedes
Spiel ist anders. Wie schon der alte Sepp
Herberger gesagt hat: ‚Der nächste
Gegner ist immer der schwerste.‘" Er hält
das Blatt hoch. „Hier stehen aber
nicht nur die zwei Gruppen drauf, hier
steht auch die Mannschaftsaufstellung für
das erste Spiel."

Nach diesen Worten steigt die Spannung,
vor allem bei den Wackelkandidaten.
Götze schaut kurz zu Sophia und drückt
ihr die Daumen.

„Wir beginnen mit Josip im Tor. Enes ist letzter Mann und Chef der Abwehr. Gleichzeitig ist er eine Art Feuerwehr, die dafür sorgen soll, dass hinten nichts anbrennt, wie die Fußballer sagen. Vor ihm spielen in einer Vierer-Kette Alessio, Paul, Louis und Pauline."

Pauline springt jubelnd von ihrem Stuhl hoch, der auf den Boden poltert. Der Lehrer wartet, bis sie sich beruhigt hat und wieder sitzt. Dann fährt er fort: „Unser Mittelfeld bilden Sophia, Daniel und Joschka."

„Ja!", ruft Sophia.

Götze freut sich riesig. Er würde am
liebsten zu ihr laufen und sie in die Arme
nehmen. Sophia darf mitspielen und
dann auch noch neben ihm im Mittelfeld!
Er schaut wieder zu ihr hinüber und nickt.
Sie strahlt ihn an, dass ihm noch heißer
wird, als ihm ohnehin schon ist.

„Und im Angriff spielen wir mit Cihan
und Aylin", vollendet Herr Ammann die
Aufstellung. „Lukas, Julia, Laura, Yasimin,
Rosali und Hülya werde ich bei Bedarf
einwechseln."

Julia ist am meisten enttäuscht, dass
Herr Ammann sie nicht aufgestellt hat.

Sie kann die Tränen nicht zurückhalten. Ihre Freundin Marie versucht sie zu trösten. Der Lehrer streicht ihr übers Haar und sagt: „Ich verstehe, dass du enttäuscht bist, Julia, aber du darfst auf jeden Fall noch mitspielen. Du und die anderen Auswechselspieler gehören genauso zu unserer Mannschaft und ich bin froh, dass ich euch habe. Vielleicht bist du bei den nächsten zwei Spielen sogar von Anfang an dabei, wer weiß?" Julia schnieft und wischt sich die Tränen weg. Herr Ammann geht nach vorne und schreibt an die Tafel:

Spielbeginn:	Samstag, um 17.00 Uhr
Treffpunkt:	Sportplatz beim Freibad, um 16.30 Uhr
Spielkleidung:	rotes T-Shirt weiße Sporthose

„Ich habe keine weiße Sporthose", sagt
Aylin.
Herr Ammann zieht die Augenbrauen
hoch. „Dann musst du dir eine besorgen."
„Du kannst meine haben", sagt Josip.
„Ich zieh sowieso eine Trainingshose an."
„Braucht sonst noch jemand etwas?",
fragt der Lehrer. „Ich möchte nicht, dass
wir kurz vor dem Spiel noch nach T-Shirts,
Sporthosen oder Turnschuhen suchen
müssen!"

Als sich niemand meldet, schreibt er zum
Schluss:

Wichtig: keine Fußballschuhe,
nur Turnschuhe!

„So, das notiert ihr euch jetzt alle ins
Hausaufgabenheft."
„Wieso müssen das auch die aufschreiben,
die gar nicht mitspielen?", fragt Philipp.
„Weil auch die Fans pünktlich am richtigen
Ort sein müssen", antwortet der Lehrer.
Lisa meldet sich. „Wir könnten doch auch
rote T-Shirts anziehen, dann ist klar, dass
wir die Fans unserer Mannschaft sind."
„Das ist eine gute Idee", sagt
Herr Ammann.

Platzen vor Glück

Bis auf Paul ist die Klasse 4b um halb
fünf vollständig auf dem Sportplatz
versammelt.

„Es wäre ja auch das erste Mal, dass
keiner verpennt", brummt Herr Ammann
ärgerlich. Er schickt die Spielerinnen und
Spieler zum Aufwärmen auf den Platz.

„Soll ich schnell mit dem Fahrrad zu Paul fahren und ihn holen?", fragt Philipp.

Der Lehrer schüttelt den Kopf. „Wenn er in fünf Minuten nicht hier ist und einen guten Grund für seine Verspätung hat, spielt Julia für ihn."

Die Mannschaft aus Harthausen ist auch schon auf dem Platz, und langsam trudeln Eltern, Geschwister und Freunde der Fußballerinnen und Fußballer ein. Nur von Paul ist nichts zu sehen.

„Julia, komm mit!", sagt Herr Ammann
und geht mit ihr auf den Platz. „Hört mal
alle her! Joschka spielt für Paul in der
Abwehr, Julia nimmt Joschkas Platz im
Mittelfeld ein."
Julia strahlt – nun ist sie doch beim ersten
Spiel mit dabei.

Herr Ammann gibt letzte Anweisungen
und wenig später wird das Spiel
angepfiffen. Es zeigt sich schnell, dass

die Mädchen und Jungen sehr nervös sind, denn auf beiden Seiten gibt es viele Abspielfehler. Einer davon beschert Harthausen die erste Torchance, doch Josip wirft sich dem Mittelstürmer mutig in den Weg und begräbt den Ball unter sich.

„Ruhig spielen!", ruft Götze den anderen zu. „Und immer zum freien Mann!" Zusammen mit Louis, Enes und Joschka bringt er langsam Ruhe ins Spiel der 4b. Von Minute zu Minute läuft der Ball besser durch die Reihen, und Götze taucht überall auf, um auszuhelfen und sich anzubieten. Einmal erhält er im Mittelkreis den Ball, ruft Sophia „Komm!" zu, spurtet los und umkurvt die erste Gegnerin. Sophia läuft rechts mit, Cihan links. Auch den zweiten Harthauser lässt Götze mühelos stehen. An der Strafraumgrenze

löst sich Cihan von seinem Gegenspieler.
Er steht frei – doch Götze spielt ihm den
Ball nicht zu. Er wartet, bis Sophia sich
dem Strafraum nähert, und schiebt ihr den
Ball in den Lauf wie im Training. Sophia
schießt überhastet – der Ball kullert dem
Torhüter in die Hände.

„He, du blindes Huhn!", faucht Cihan
Götze an. „Ich war frei, das wäre
garantiert ein Tor geworden!"

Götze dreht wortlos ab, läuft an Sophia
vorbei und ruft ihr zu: „Beim nächsten Mal
klappt's!"
Aber Sophia vergibt auch die zweite große
Chance, und zur Halbzeit steht es immer
noch 0:0.
„Ich bin sehr zufrieden mit euch", sagt
Herr Ammann in der Halbzeitpause.
„Nach dem schwachen Start habt ihr
euch gut gefangen. Ihr müsst nur eure
Torchancen besser nutzen."

„Wenn der mir keinen Ball gibt",
beschwert sich Cihan und zeigt
auf Götze.

Herr Ammann legt den Finger an die Lippen. Dann schaut er Götze an.

„Cihan hat sich ein paarmal schön freigelaufen, warum hast du ihn nicht angespielt?"

„Weil ich ihn nicht gesehen habe", murmelt Götze.

Der Lehrer runzelt die Stirn. „Komm mal kurz mit", sagt er und geht mit Götze zur Seite. „Du möchtest unbedingt, dass Sophia ein Tor schießt – ich kann mir auch denken warum." Er zwinkert und legt Götze die Hand auf die Schulter. „Sie hat in den letzten Wochen wirklich viel gelernt und spielt prima mit, aber sie ist keine Torjägerin. Du überforderst sie, dadurch wird sie vor dem Tor noch nervöser und es gelingt ihr gar nichts mehr. Das willst du doch nicht, oder?"

Götze schüttelt den Kopf.

„Also Daniel, nach dem Spiel darfst du
gern an Sophia denken, während des
Spiels musst du dich jedoch auf die
Mannschaft konzentrieren!"

Götze nickt.

Auf dem Weg zur zweiten Halbzeit flüstert
Sophia Götze zu: „Ich hab schon
gedacht, Herr Ammann wechselt mich
aus."

„Er hat dich gelobt", flüstert er zurück.
„Und wenn du kein Tor schießt, ist das
gar nicht schlimm."

„Hauptsache, wir gewinnen."

„Das werden wir!", sagt Götze und strahlt
Sophia an.

Kurz nach Wiederanpfiff nimmt Pauline
einem Harthauser den Ball ab und kickt
ihn einfach nach vorn. Julia will ihn
stoppen, doch er springt ihr weit vom Fuß.
Bevor ein Gegner ihn erwischt, kommt

Götze angesaust, schnappt ihn und umkurvt zwei Harthauser Spieler wie Slalomstangen.

„Spiel ab!", ruft Cihan in der Mitte. Alle rechnen mit einem Pass, und zwei Abwehrspieler laufen gleichzeitig zu Cihan. Die dadurch entstehende Lücke nutzt Götze sofort. Er stürmt allein aufs Tor zu und schiebt den Ball am herauslaufenden Torhüter vorbei ins Netz.

Die Fans bejubeln das 1:0. Und auch
die Mannschaft ist begeistert von dem
tollen Alleingang. Götze wird abgeklatscht
und von allen Seiten gelobt.

„Super gemacht, Dani!", sagt Sophia –
und über ihr Lob freut er sich am meisten.
Das Spiel geht weiter, die 4b wird immer
überlegener und schon wenige Minuten
später erzielt Cihan auf Zuspiel von Götze
das 2:0. Dieses Ergebnis macht einige
etwas übermütig. Enes und Louis
versuchen zu zaubern, was beinahe ins
Auge geht. Herr Ammann schimpft an der
Seitenlinie und fordert mehr Konzentration.
In diesem Augenblick kommt Paul mit
verheultem Gesicht angerannt.

„Wo warst du?", schimpft der Lehrer. Sofort schießen Paul wieder Tränen in die Augen. „Ich … war … mit meiner Mutter … in Balingen … und auf dem Heimweg hatten wir … eine Panne", bringt er schluchzend heraus.

„Dann kannst du ja nichts dafür", sagt Herr Ammann schon versöhnlicher. „Nun beruhige dich mal und schau dem Spiel zu. Es läuft ganz gut, wir führen 2:0."

Harthausen wirft noch einmal alles nach vorn, um den Anschluss und vielleicht auch noch den Ausgleich zu erzielen. Dadurch ergeben sich für die 4b gute Kontermöglichkeiten. Eine davon leitet Joschka ein, indem er eine Flanke wegköpft. Der Ball fliegt zu Aylin, die zu Götze spielt, der sofort abzischt. Cihan bietet sich an und mit einem herrlichen Doppelpass lassen sie zwei Gegner hinter

sich. Wie beim 1:0 kommt der Torwart
heraus, um den Winkel zu verkürzen.
Doch diesmal schießt Götze nicht,
sondern spielt quer zur mitgelaufenen
Sophia, die den Ball nur noch ins leere
Tor schieben muss.

„Tor!", jubelt sie, läuft zu Götze und drückt
ihm einen Kuss auf die Backe. „Ich hab
ein Tor geschossen!" Vor lauter Freude
küsst sie ihn gleich noch mal, und beide
schweben auf Wolke sieben.

Als der Schiedsrichter wenig später
abpfeift, stürmen die Fans der 4b

begeistert das Spielfeld. Auch Herr
Ammann freut sich sehr. „Ihr habt toll
gespielt! Die erste Hürde auf dem Weg
ins Endspiel haben wir geschafft.
Das feiern wir!"
„Au ja", rufen alle begeistert.
Götze und Sophia schauen sich freudig
strahlend an.
„Feiern wir dein Tor nachher auch zu
zweit?", fragt er sie leise.
Sophia nickt. Beide könnten platzen
vor Glück.

Manfred Mai

Eine Klasse im Pokalfieber

Inhalt

Wer ist schuld?

Seit Wochen gibt es für viele Jungen und Mädchen in Winterlingen nur ein Thema: Fußball! Der Chef der Firma Beck hat einen Pokal gestiftet, um den alle vierten Klassen der Stadt spielen sollen. Eine Bedingung dabei ist, dass in jeder Mannschaft mindestens drei Mädchen mitspielen.

Gute Chancen auf den Pokalsieg rechnet sich die 4b der Grundschule Winterlingen aus. Ihr bester Spieler ist Götze, der eigentlich Daniel heißt, den aber alle nur

Götze nennen, weil Mario Götze sein großes Vorbild ist. Bis vor kurzem hatte er nur Fußball im Kopf, doch das hat sich geändert und schuld daran ist Sophia. Seit sie sich in der Zeichenstunde neben ihn gesetzt und ihm beim Malen eines Elefanten geholfen hat, spürt Götze immer ein Kribbeln im Bauch, wenn er an Sophia denkt. Und wenn er neben ihr steht, wird ihm ganz schwummerig. So wie jetzt.

„Meinst du, wir gewinnen heute?", fragt
Sophia kurz vor dem Spiel gegen Stetten.
Götze nickt. Normalerweise hätte er auf
so eine Frage geantwortet, dass sie die
Flaschen aus Stetten locker wegputzen
werden. Aber in Sophias Nähe bringt er
solche Sätze nicht mehr über die Lippen.
Dafür sagt sein Freund Enes: „Wenn wir
so gut spielen wie gegen Harthausen,
sind wir unschlagbar."

„Ihr sollt hier nicht herumstehen und
Reden halten", sagt Herr Ammann, der
die 4b unterrichtet und trainiert. „Ihr sollt
euch bewegen!"

Die drei traben zu den anderen auf den
Platz, drehen eine Runde und machen
zwischendurch ein bisschen Gymnastik,
damit ihr Lehrer zufrieden ist.

Alle sind froh, als der Schiedsrichter das
Spiel endlich anpfeift. Die 4b beginnt mit

Josip im Tor. Enes ist letzter Mann und
Chef der Abwehr. Vor ihm spielen in einer
Vierer-Kette Alessio, Paul, Louis und
Pauline. Das Mittelfeld bilden Sophia,
Götze und Joschka. Cihan und Aylin
sind die Sturmspitzen. Wie gegen
Harthausen dauert es eine Weile, bis
einige ihre Nervosität ablegen und den
Ball besser kontrollieren können. Götze

und Joschka machen das Spiel der 4b
und sie merken schnell, dass Stettens
linke Abwehrseite Schwächen zeigt.
In der zwölften Minute führt Götze den
Ball an der Außenlinie entlang. Als sich
ihm ein Stettener in den Weg stellt, spielt
er mit Sophia einen schönen Doppelpass,
zieht nach innen, umkurvt den nächsten
Gegner, dringt in den Strafraum ein und
lässt dem Torhüter mit einem platzierten
Schuss keine Chance.

Sofort dreht Götze ab, läuft zu Sophia und strahlt sie an: „Das war ein super Doppelpass!" Er möchte ihr noch etwas sagen, aber die anderen drängen sich um ihn und wollen ihm gratulieren.

Von Minute zu Minute wird die 4b überlegener und es dauert nicht lange, bis Joschka das 2:0 erzielt. Alle freuen sich, nur Cihan ist sauer, weil er noch kein Tor geschossen hat. Kurz vor dem Halbzeitpfiff schlägt Alessio eine Flanke in den gegnerischen Strafraum und Cihan köpft das 3:0.

In der Pause lobt Herr Ammann die Mädchen und Jungen sehr. „Heute spielt ihr noch besser als gegen Harthausen; es macht Spaß, euch zuzuschauen! Und wenn wir jetzt auswechseln, dann nicht,

weil jemand schlecht war, sondern damit die anderen auch mal spielen können."

Das verstehen die Kinder zwar, trotzdem möchten alle am liebsten weiterspielen.

„Julia, Yasemin und Lukas spielen für Sophia, Aylin und Joschka", sagt Herr Ammann.

Den drei Ausgewechselten ist die Enttäuschung anzusehen. Auch Götze zieht eine Schnute, weil Sophia dabei ist. Am liebsten würde er sich jetzt auch auswechseln lassen.

„Ihr dürft in der zweiten Halbzeit nicht übermütig oder nachlässig werden, denn auch ein 3:0-Vorsprung ist noch kein Sieg", sagt Herr Ammann. „Spielt so weiter wie bisher, dann kann nichts mehr passieren."

Aber dann passiert doch noch allerhand. Götze steht lustlos auf dem Platz herum,

Joschka ist draußen, das Spiel der 4b
läuft nicht mehr. Die Stettener wittern
plötzlich ihre Chance, machen Druck und
verkürzen auf 1:3.
Herr Ammann schimpft an der Seitenlinie
und ruft Götze zu sich. „Was ist denn los
mit dir? Bist du verletzt?"

„Nö", brummt er.
„Und warum stehst du dann nur herum?"
Götze antwortet nicht.

Herr Ammann sieht Sophia näher kommen, schaut von ihr zu Götze und sagt: „Ach, jetzt verstehe ich! Du lässt also die Mannschaft hängen, nur weil ich Sophia ausgewechselt habe." Er hat Mühe, sich zu beherrschen. „Das ist ja unglaublich! Weißt du was? Auf so einen Spieler verzichte ich!" Er dreht sich um.

„Laura, mach dich fertig, du spielst für Daniel!"
„Aber ich … ich …"
„Red nicht lange, komm her!"
Laura zieht die Trainingsjacke aus und läuft zu Herrn Ammann.
Bei der nächsten Spielunterbrechung wird sie eingewechselt.

Während Herr Ammann ein paar Anweisungen gibt, stellt sich Sophia neben Götze. „Du bist doof. Warum hast du nicht richtig weitergespielt? Jetzt verlieren wir vielleicht noch."

„Ist doch seine Schuld", brummt Götze. „Hätte er dich nicht ausgewechselt."

„Aber die anderen möchten auch mitspielen."

„Dann hätte er ja Pauline auswechseln können; du bist viel besser als sie."

„Wir sind …"

In diesem Augenblick schießt Stetten das zweite Tor.

„So ein Mist!", ruft Sophia.

Enes kommt an den Spielfeldrand gelaufen und möchte wissen, warum Götze draußen steht.

„Das erkläre ich dir nach dem Spiel", sagt Herr Ammann. „Du darfst jetzt nicht mehr von hinten heraus spielen, das ist zu gefährlich; du musst die Bälle möglichst weit wegschlagen, damit ihr immer wieder Luft bekommt."

Die 4b verteidigt mit allen Kräften, sogar Cihan ist mehr hinten als vorne. Die Stettener drängen auf den Ausgleich, tun das allerdings immer wieder durch die Mitte, wo Enes und Louis wie eine Mauer stehen. Und was sie nicht aufhalten, fängt Josip im Tor.

Es sieht so aus, als könnten sie den knappen Sieg über die Zeit retten. Da erwischt der Stettener Kapitän den Ball, umspielt Julia und Paul, läuft in den

Strafraum, wo ihn Enes mit einer Grätsche
stoppt. Ein lauter Pfiff ertönt, der
Schiedsrichter zeigt auf den Elfmeterpunkt. Enes protestiert lautstark und
schwört, er habe den Ball getroffen, doch
der Schiedsrichter bleibt bei seiner
Entscheidung. Der Stettener Kapitän legt
sich den Ball zurecht, läuft an und
verwandelt sicher.
Wenig später ist das Spiel zu Ende und
sofort beginnt bei den Mädchen und
Jungen der 4b eine hitzige Diskussion,
bei der Götze schnell zum Sündenbock
wird. Er selbst schweigt zu allen
Vorwürfen.

Fußballmillionäre und Straßenkinder

„Na, habt ihr gewonnen?", fragt Götzes
Mutter.

Götze schüttelt den Kopf.

„Schade, aber man muss auch verlieren
können."

Er sagt nichts und verschwindet in seinem
Zimmer.

Eine Stunde später klopft seine Mutter an
die Tür. Obwohl sie nichts hört, geht sie
hinein. Götze liegt auf dem Bett und
starrt an die Decke. Die Mutter glaubt, er
sei wegen der Niederlage enttäuscht, und
will ihn aufmuntern. Doch dabei spürt sie,
dass da noch etwas anderes sein muss.

Auf ihre Fragen erhält sie nur knappe und
ausweichende Antworten.
„Wenn du mir nicht sagen willst, was
passiert ist, rufe ich Enes an und frage
ihn", sagt sie schließlich.
„Das tust du nicht!"
„Dann sag mir, was los ist."

Stockend und den Tränen nahe erzählt Götze alles. Seine Mutter hört ihm ruhig zu. Als er fertig ist, fragt sie: „Und wie soll es jetzt weitergehen?"

Er zieht die Schultern hoch.

„Dir sind doch in der letzten Stunde bestimmt mehrere Möglichkeiten durch den Kopf gegangen."

Er guckt seine Mutter an und fragt sich wieder mal, ob sie seine Gedanken lesen kann.

„Ich bin sicher, die richtige war dabei."

„Und welche soll das sein?"

„Ich bin genauso sicher, das weißt du selbst", antwortet sie.

Am nächsten Morgen macht sich Götze etwas früher als sonst auf den Weg zur Schule. Etliche Mädchen und Jungen stehen schon auf dem Schulhof. Götze

stellt sich hinter einen Strauch, weil er
noch keine Lust hat, mit ihnen zu reden.
Nach ein paar Minuten kommt Herr
Ammann angeradelt. Götze wartet, bis
sein Lehrer das Fahrrad abgestellt hat,
dann geht er ihm entgegen und sagt: „Ich
möchte mich entschuldigen."
Herr Ammann schaut ihn an. „Eigentlich
musst du dich nicht bei mir, sondern bei
der Mannschaft entschuldigen."

Auch das tut Götze und er verspricht,
dass er gegen Bitz für zwei rennen wird,
damit sie doch noch ins Endspiel kommen.

„So, und jetzt ist Schluss mit Fußball",
sagt der Lehrer. „Wir haben schließlich
Unterricht und wollen mal sehen, wie
Kinder in anderen Ländern leben." Er
dreht sich um und schreibt in großen
Buchstaben BRASILIEN an die Tafel.
„Wenn ihr Brasilien hört, woran denkt ihr
da?"
„An Fußball!", ruft Alessio.

„Die haben viele Superfußballer, die
Millionen verdienen", sagt Cihan.
„Richtig", bestätigt Herr Ammann. „Und
weil etliche dieser Fußballmillionäre in der
Bundesliga spielen, hören und lesen wir
oft von ihnen – und manche glauben, in
Brasilien gebe es nur Fußballmillionäre",

fügt er spitz hinzu. „Doch die machen nur einen winzigen Bruchteil der gesamten brasilianischen Bevölkerung aus. Dass Millionen Menschen dort sehr arm sind, davon hören und lesen wir nur selten."
Er teilt einen Text aus. Enes liest die Überschrift und sagt zu Götze: „Was gehen mich die Straßenkinder in Brasilien an?"

Herr Ammann hört es. „Lies erst mal den ganzen Text, dann unterhalten wir uns über deine Frage."

Enes senkt den Kopf. Er hat keine Lust zu lesen, aber jetzt muss er, sonst weiß er nachher überhaupt nicht Bescheid.

Straßenkinder in Brasilien

In Brasilien gibt es Städte, in denen
großer Reichtum und große Armut
sehr nahe nebeneinanderliegen.
Millionen Menschen leben am Rand
der Städte in Hütten, die sie aus
Wellblech, Holzresten, Pappe und
anderen Abfällen gebaut
haben. Solche Elendsviertel
heißen Favelas. Kinder, die dort
geboren werden, haben kaum
Zukunftschancen; sie erhalten
weder eine Ausbildung noch haben
sie Aussicht auf Arbeit. Ihre Eltern
können sie oft kaum ernähren, deshalb
gehen sie von zu Hause fort, manche
schon mit sieben oder acht Jahren.
Von da an haben sie keine Familie
mehr. In den Straßen der Städte

versuchen sie sich durchzuschlagen. Doch das ist sehr schwierig. Niemand gibt ihnen Arbeit, sie haben ja keine Schule besucht. Deshalb müssen Millionen von Straßenkindern betteln. Wer sich mit dem Verkaufen von Zeitungen ein bisschen Geld verdienen kann, hat großes Glück. Weil Straßenkinder keine Wohnung haben, schlafen sie in Hinterhöfen, Parks oder unter Brücken. Als Decken haben sie nur Zeitungen und Pappkartons. Allein kann keiner auf der Straße überleben. Deshalb schließen sich die Kinder zu Gruppen zusammen; das ist dann ihre neue Familie. Sie helfen sich gegenseitig, um nicht zu verhungern.

Die Mädchen und Jungen können kaum glauben, was sie da lesen.
„Haben die wirklich kein Bett?", fragt Lisa.

Herr Ammann schüttelt den Kopf.
„Ich hab mal in der **Sendung mit der Maus** gesehen, wie diese Kinder leben", sagt Joschka. „Manche haben gebettelt und andere haben geklaut. Eine Bande ist nachts in ein Kaufhaus eingebrochen und am nächsten Tag haben sie die Sachen verkauft, damit sie sich für das Geld etwas zu essen kaufen konnten."
„Enes hat vorhin gefragt, was uns die Straßenkinder in Brasilien angehen", sagt Herr Ammann. „Er meint wahrscheinlich,

Brasilien sei ja so weit weg, dass uns egal sein könne, wie die Kinder dort leben."
Enes fühlt sich angegriffen und wehrt sich: „Das hab ich nicht gesagt!"
„Ich finde, es sollte nirgendwo auf der Welt so arme Kinder geben", sagt Philipp.
„Mir tun die leid", murmelt Sophia.
„Wir könnten für sie sammeln", schlägt Joschka vor.

„Das reicht doch nie", entgegnet Lisa.
Die Kinder überlegen gemeinsam, was sie tun können. Am Ende der Stunde haben sie zwar noch keine Lösung gefunden, trotzdem ist Herr Ammann zufrieden.

„Manche von euch waren bestimmt schon enttäuscht, weil dieser oder jener Wunsch nicht erfüllt wurde, weil sie ein Spielzeug, ein Fahrrad, einen eigenen Fernseher, einen Computer oder ein Handy wollten und nicht bekommen haben. Ihr werdet euch vermutlich nicht weniger wünschen, nur weil ihr jetzt etwas von den Straßenkindern in Brasilien gelesen habt. Aber es ist wichtig zu wissen, dass es in anderen Ländern Kinder gibt, die ganz andere Wünsche und Sorgen haben als ihr. Und dass ihr ihnen helfen wollt, freut mich. Ich bin sicher, wir finden eine geeignete Möglichkeit."

Ein blindes Huhn

In der großen Pause stellt sich Götze wie
zufällig neben Sophia. Sie schaut ihn an
und lächelt. „Ich find's prima, dass du dich
entschuldigt hast", flüstert sie.
Götze fällt ein Stein vom Herzen. Seit
Sophia gestern gesagt hatte, er wäre doof,
hatte er keine ruhige Minute mehr. Jetzt
spürt er wieder die Wärme und das
Kribbeln im Bauch.
Enes stupst ihn an. „Ich versteh noch
immer nicht, warum du gestern so einen
Scheiß gemacht hast. Wegen dir hätten
wir fast verloren."

„Machst du nie Scheiß?"

„Ja … aber …"

„Müsst ihr eigentlich immer über Fußball quatschen?", meckert Michelle. „Das nervt!"

„Du nervst uns mit deinem Pferdefimmel", kontert Enes.

„Bäh!", macht Michelle. Und im Weggehen ruft sie noch: „Reiten ist viel schöner als Fußball!"

„Aber nur für doofe Mädchen wie dich!", ruft Enes hinter ihr her.

„Lass sie doch", sagt Sophia. „Wenn ihr das Reiten Spaß macht, soll sie …"

In diesem Augenblick erhält Sophia vom vorbeirennenden Alexander aus der 4a einen Stoß, dass sie gegen Enes stolpert.

„He, du spinnst wohl!", ruft Götze.

Sophia macht sich von Enes los und hat Tränen in den Augen. Sie hält sich die

linke Seite, wo Alexanders Ellbogen sie
getroffen hat. Als Götze ihre Tränen sieht,
spürt er eine stechende Wärme vom
Magen hochsteigen und muss schlucken.
Am liebsten würde er Alexander verfolgen
und ihn verprügeln, aber er kann den Blick
nicht von Sophia lassen. „Tut's sehr
weh?", fragt er leise.
„Geht schon", antwortet sie und wischt mit
dem Handrücken die Tränen weg.

„Wenn ich den Alex erwische …"

„Da kommt er!", flüstert Enes.

„Eh, tut mir echt leid, das wollte ich nicht", entschuldigt sich Alexander. „Leon und Slatti waren hinter mir her und ich hab dich einfach nicht gesehen."

„Schon gut", sagt Sophia.

Jetzt kann Götze ihm natürlich keine mehr knallen, was ihn ärgert. Deswegen wirft er ihm wenigstens noch ein paar deutliche Worte an den Kopf: „Du bist vielleicht ein blindes Huhn! Dich sollte man in einen Käfig sperren!"

„Halt du doch die Schnauze!"

„Pass bloß auf, dass ich …"

„Hör auf!", geht Sophia dazwischen. „Er hat sich doch entschuldigt …"

„Trotzdem ist er ein blindes Huhn!"

„Und du bist so dumm wie … wie Hein Blöd!"

Götze nimmt die Fäuste hoch. Da dreht sich Sophia um und geht weg. Die Jungen schauen ihr hinterher und Götze lässt die Fäuste wieder sinken. Dann schaut er Alexander böse an und sagt: „Warte nur, bis wir gegen euch spielen! Dann gibt's Rache!"

„Warum regst du dich eigentlich so auf, nur weil ich Sophia gestreift habe?", fragt Alexander. „Das kann dir doch egal sein – oder bist du … bist du etwa in die verknallt?"

Jetzt schlägt Götze blitzschnell zu, Alexander taumelt, fällt aber nicht und wehrt sich.

Bevor sich die beiden richtig prügeln können, geht Frau Spiller dazwischen.

„Was ist hier los? Warum schlagt ihr euch?", fragt sie.

„Der hat angefangen!", sagt Alexander. „Und der hat …"

Weil Götze nicht weiterspricht, fragt Frau Spiller: „Was hat er?"

Götze schweigt.

„Hat er dich geärgert?"

Götze schweigt.

„Wenn du mir …"

Enes zupft die Lehrerin am Ärmel und
flüstert ihr hinter vorgehaltener Hand
etwas zu. Ihr Gesicht wird heller. „Jetzt
verstehe ich – aber deswegen darfst du
trotzdem nicht einfach zuschlagen", sagt
sie zu Götze. „Stell dir mal vor, wir würden
alle zuschlagen, wenn jemand etwas sagt,
was uns nicht gefällt. Dann gäbe es ja
ständig Schlägereien. Das geht nicht.
Deswegen ist es besser, man wehrt sich
mit Worten oder man hört einfach mal
weg." Sie schaut Götze an, der guckt auf
seine Schuhe.

„So, und jetzt Schluss damit, die Pause ist schließlich zum Erholen und nicht zum Streiten da."

„Und es gibt trotzdem Rache!", zischt Götze Alexander im Vorbeigehen zu.

Nach der letzten Schulstunde ist Götze so schnell draußen, dass ihm niemand folgen kann. Er läuft ein Stück und versteckt sich dann hinter einer Garage.

Dort wartet er auf Sophia. Es dauert nicht lange, bis sie um die Ecke kommt – zusammen mit Pauline! Götze verzieht das Gesicht, als habe ihn jemand ans Bein getreten. Er hat gehofft, Sophia allein zu treffen.

Bevor er sich entschieden hat, ob er versteckt bleibt oder sich zeigt, biegt Pauline in eine Seitenstraße ab. Götze ist erleichtert und geht auf Sophia zu.

„Was machst du denn hier?", fragt Sophia überrascht.

„Ich … ich möchte dich etwas fragen."

Sophia bleibt vor ihm stehen und wartet.

„Bist du noch sauer, weil ich mich mit Alex geschlagen habe?"

„Sauer … äh … nein, sauer bin ich nicht mehr", antwortet sie. „Aber ich möchte nicht, dass du dich wegen mir schlägst."

Götze nickt erleichtert. Dann gehen sie nebeneinander weiter. Er möchte Sophia noch etwas fragen, aber er weiß nicht recht, wie er anfangen soll. Deswegen probiert er in Gedanken die Sätze aus.

Gehst du heute Nachmittag mit mir ins Hallenbad?

Hast du Lust, heute Nachmittag mit mir ins Hallenbad zu gehen?

Gehst du gern ins Hallenbad?

Ich gehe heute Nachmittag mal wieder ins Hallenbad. Kommst du mit?

Bevor er sich für einen Satz entscheiden kann, fragt Sophia: „Kannst du dir vorstellen, von zu Hause wegzugehen und irgendwo im Freien zu schlafen?"

„Hä?", macht Götze, der von dieser Frage aus seinen Gedanken gerissen und völlig überrascht wird.

Sophia wiederholt ihre Frage.

Götze schaut sie an und schüttelt den Kopf.

Sophia deutet zu einem unbebauten Grundstück, auf dem eine Baumgruppe steht. „Schau mal, vielleicht dort unter den Bäumen. Ich kann mir das nicht vorstellen."

„Ich auch nicht, da hätte ich Angst."

„Wir haben es gut", sagt Sophia.

„Hallo, Sophia!", ruft ihre Mutter in diesem Augenblick zum Fenster heraus. „Komm rein, wir können gleich essen!"

„Tschüss, bis morgen!", sagt Sophia zu Götze.

„Äh … ja … tschüss", stottert er und geht weiter, obwohl er gern noch mehr gesagt hätte.

Ein Superpass

Heute spielt die 4b gegen die vierte
Klasse aus Bitz, die gegen Harthausen
und Stetten gewonnen hat und mit
6:0 Punkten Tabellenführer ist. Die 4b hat
4:1 Punkte und muss gewinnen, wenn sie
noch ins Endspiel kommen will. Den
Bitzern reicht dafür schon ein
Unentschieden.

„Ich vermute, dass Bitz eher defensiv
beginnen wird, denn solange es 0:0 steht,
sind sie im Endspiel", sagt Herr Ammann.
„Es wird nicht lange 0:0 stehen", meint
Enes.

„Wie lange es 0:0 steht, ist nicht so wichtig", entgegnet Herr Ammann, „wichtig ist nur, dass wir am Ende ein Tor mehr erzielt haben. Und dafür haben wir eine Stunde Zeit. Deswegen dürft ihr nicht gleich kopflos anrennen, um möglichst schnell ein Tor zu schießen; das klappt meistens nicht und gibt dem Gegner gute Konterchancen. Wir beginnen wie gegen Stetten, und wenn ihr so spielt wie dort in der ersten Halbzeit, könnt ihr gewinnen – zumal wir einen Spieler mehr auf dem Platz haben."

„Hä?", macht Josip.

Auch die anderen Jungen und Mädchen schauen ihren Lehrer fragend an.

„Daniel hat uns doch nach dem Spiel gegen Stetten versprochen, heute für zwei zu rennen", sagt Herr Ammann augenzwinkernd.

„Das tu ich auch!", brummt Götze.

Und er hält Wort. Vom Anpfiff an ist er ununterbrochen in Bewegung, doch vor lauter Eifer misslingt ihm manches.

Herr Ammann winkt ihn zu sich an die Seitenlinie. „Du musst nicht alles machen, Daniel, das kostet dich zu viel Kraft", sagt er. „Du hast gute Mitspieler, auf die du dich verlassen kannst."

Götze nickt. Er rennt nicht mehr jedem Ball hinterher, sondern läuft sich frei, bietet sich an und verteilt die Bälle. Weil er das sehr klug macht, kommt die 4b zu ersten Chancen. Doch Cihan scheint das Pech heute an den Schuhen zu kleben: Zweimal trifft er die Latte, einmal den Pfosten. Er schimpft so kräftig, dass ihn der Schiedsrichter ermahnt.

„Solche Worte möchte ich auf dem Sportplatz nicht hören!"
„Du mich auch!", zischt Cihan im Weglaufen.
Zum Glück hört das der Schiedsrichter nicht und das Spiel geht weiter.
Die Bitzer decken Götze zu zweit, um ihn auszuschalten. Dadurch bekommen Sophia und Joschka mehr Raum, den sie geschickt nutzen. Einmal spielen sie sich mit einem doppelten Doppelpass bis an

die Strafraumgrenze durch. Dann schiebt Sophia den Ball zum frei stehenden Cihan, der sofort abzieht – und zum vierten Mal das Aluminium trifft. Der zurückspringende Ball landet genau vor Aylins Füßen, die ohne Mühe das 1:0 erzielt und sich über ihr erstes Tor unbändig freut.

Mit der knappen Führung geht es in die Halbzeitpause. Diesmal wechselt der Trainer nur Julia für Paul ein, der einen schlechten Tag erwischt hat.

„Die Bitzer werden in der zweiten Halbzeit mehr Druck machen", sagt Herr Ammann. „Deswegen wird Joschka jetzt etwas defensiver spielen." Er schaut Götze an. „Wenn du weiterhin zwei, drei Gegner beschäftigst, wird es immer wieder Lücken geben, die wir für schnelle Konter nutzen können. Und vielleicht trifft Cihan dann mal nicht den Pfosten, sondern ins Netz."

„Heute ist es wie verhext", brummt Cihan und starrt auf seine Schuhe, als wolle er sie hypnotisieren.
Götze schickt ein Lächeln zu Sophia und erhält ein Lächeln zurück.

Der Schiedsrichter pfeift die beiden
Mannschaften zur zweiten Halbzeit aufs
Spielfeld. Herr Ammann hat richtig
vermutet: Die Bitzer beginnen offensiver,
doch die Abwehr der 4b steht gut und
lässt kaum Torchancen zu. Und
zwischendurch sorgen Götze und Cihan

immer wieder für Entlastungsangriffe, die
jedoch nicht zu einem Tor führen.
Je länger das Spiel dauert, desto
ungeduldiger und kopfloser werden die
Bitzer Angriffe. Sie wollen den Ausgleich
erzwingen und vernachlässigen dabei die

Abwehr. Kurz vor Schluss nimmt Alessio dem Bitzer Linksaußen den Ball ab und spielt ihn zu Sophia. Die treibt ihn in die gegnerische Hälfte, hat nur noch einen Abwehrspieler vor sich und sieht Cihan in der Mitte spurten. Sie lässt den Bitzer noch ein wenig näher kommen und spielt den Ball an ihm vorbei. Cihan nimmt ihn mit, läuft allein auf das Tor zu – und trifft ins Netz. Jubelnd dreht er ab und springt Sophia in die Arme, was Götze gar nicht gefällt. Er kommt angelaufen, klatscht Cihan ab und schiebt ihn von Sophia weg.

„Das war ein Superpass!", lobt er sie.

Auch von den andern wird Sophia mehr gelobt als Cihan, der den Ball ja nur noch ins Tor zu schieben brauchte.

Die 4b lässt sich die 2:0-Führung in den letzten Minuten nicht mehr nehmen und zieht ins Endspiel ein.

Ein tolles Mädchen

Götze fährt wie der Teufel. An der
Fußgängerampel übersieht er das rote
Männchen und reißt den Lenker im letzten
Augenblick herum, kommt gerade noch an
einer alten Frau vorbei und kann mit Mühe
einen Sturz verhindern.
Die alte Frau schimpft laut hinter ihm her,
doch das ist Götze jetzt egal. Er
beschleunigt wieder und biegt in die Bitzer
Straße ein.

Götze ist mit Sophia im Hallenbad
verabredet.

Gestern hat er sie nach dem Spiel gefragt.
Sie hat nicht lange überlegt und gleich
Ja gesagt. Und ausgerechnet heute
musste ihn seine Mutter noch in den
Supermarkt schicken, kurz bevor er
loswollte. Alles Bitten hat nichts geholfen,
deswegen kommt er nun zu spät und ist
stinksauer.

Als er in die Einfahrt zum Hallenbad fährt,
sieht er Sophia schon von weitem bei den
Fahrradständern auf dem Boden sitzen.
Völlig außer Puste bremst er vor ihr ab.
„'tschuldige", keucht er. „Ich ... ich
musste ... noch was einkaufen ... wartest
du ... schon lange?"
Sophia steht auf und schüttelt den Kopf.
„Höchstens ein paar Minuten."
„Meine Mutter ..."

„Hör auf zu reden und hol erst mal Luft,
sonst erstickst du noch", sagt Sophia.
Sie ist einfach ein tolles Mädchen, denkt
er, stellt sein Fahrrad neben ihres und
schließt es ab. Dann gehen sie hinein.
An der Kasse wird es Götze plötzlich heiß,
weil ihm einfällt, dass er für Sophia zahlen
müsste. So machen es jedenfalls die
Jungs in Filmen immer, wenn sie ihre
Freundinnen irgendwohin einladen. Aber
Götze kann nicht für Sophia zahlen, weil
er nur das Badegeld für sich dabeihat.

„Hallo, junger Mann!", sagt die Kassiererin und reißt ihn damit aus seinen Gedanken. „Wenn du auch baden willst, musst du zuerst bezahlen."

Er nickt, legt das Geld auf den Tresen und geht hinter Sophia her – bis vor die Mädchenumkleidekabine.

„He, hier darfst du nicht rein!", sagt sie und schiebt ihn zurück.

Götze wird tomatenrot im Gesicht und stottert: „Ich ... äh ... ich ... klar ..."

Ohne einen Satz zu schaffen, dreht er sich um und verschwindet in der Kabine für Jungen.

Wenig später tritt Götze in die Schwimm-
halle. Vor lauter Aufregung hat er sogar
vergessen, sich abzuduschen. Der
Bademeister bemerkt es und schickt ihn
noch einmal zurück. Zum Glück war
Sophia noch nicht da, denkt er, als er
unter der Dusche steht. Sonst würde sie
vielleicht denken, ich sei ein Ferkel.
Frisch geduscht kommt er wieder heraus
und stellt erleichtert fest, dass keine
Mädchen und Jungen da sind. Nur eine
Mutter planscht mit ihrem Kind im
Nichtschwimmerbecken und ein Mann
schwimmt Bahnen.
Sophia wartet schon am Beckenrand und
fragt: „Gehn wir gleich ins Wasser?"
Götze nickt.
Sie schwimmen eine Runde, springen von
den Startblöcken als Bomben ins Wasser,
dass es möglichst hoch spritzt.

„Komm, wir springen vom Drei-Meter-
Brett", sagt Götze. „Dann spritzt es noch
viel mehr."
Sophia schielt hoch. „Von da oben bin ich
noch nie gesprungen."
„Das ist überhaupt nicht schlimm",
sagt Götze. „Du musst nur die Nase
zuhalten."
Sophia zögert.
Er bemerkt es und sagt schnell: „Wir
können uns auch dort drüben hinsetzen,
wenn du möchtest."

Sie schüttelt den Kopf. „Ich möchte ja springen – aber ich trau mich nicht."

„Ich hab mich auch lange nicht getraut", gibt Götze zu.

„Und wie hast du es gemacht, dass du dich jetzt traust?", möchte Sophia wissen.

„Enes, Louis, Alessio und ich waren im Winter hier. Louis und Alessio sind von da oben gesprungen. Enes hat gesagt: ‚Was die können, können wir auch!' Dann sind wir beide hochgestiegen und miteinander hinuntergesprungen. Da habe ich gemerkt, dass es gar nicht schlimm ist."

Er schaut sie an und spürt wieder dieses Sophia-Kribbeln im Bauch. „Sollen wir zusammen springen?", fragt er sie und wünscht sich sehr, dass sie Ja sagt.
Erst zuckt sie noch unschlüssig mit den Schultern – dann nickt sie.
„Du wirst sehen, dir passiert nichts", macht Götze ihr Mut. „Und wenn du einmal gesprungen bist, willst du immer wieder springen."
Sophia kann jetzt nichts sagen. Sie trottet neben Götze her und steigt hinter ihm die Stufen hoch. Oben nimmt er ihre Hand. In kleinen Schritten nähern sie sich dem Ende des Brettes.
„Du musst die Nase zuhalten und vor dem Eintauchen die Augen fest zudrücken", sagte Götze leise zu Sophia. „Ich lasse deine Hand erst los, wenn wir aufgetaucht sind."

Sophia nickt, hält mit den Fingern ihrer
freien Hand die Nase zu und schluckt.
„Fertig?", fragt Götze, wartet jedoch keine
Antwort ab, spürt den schwachen
Widerstand, verstärkt seinen Griff, ruft:
„Komm!", und springt mit Sophia ab. Im
Flug hört er noch ihr Kreischen, dann
schlägt schon das Wasser über ihnen
zusammen.
Nicht loslassen, ich darf sie nicht
loslassen!, ist Götzes einziger Gedanke.
Und er hält Sophias Hand fest, bis sie
prustend auftauchen.
„Und, wie war's?", fragt er.
Als Antwort gibt sie ihm einen nassen
Kuss.

Die Hauptsache

Fußball ist die schönste Nebensache der
Welt – dieser oft gehörte Satz gilt auch für
die Jungen und Mädchen der 4b. Trotz
ihres Erfolges bleibt die Schule die
Hauptsache, auch wenn das manchen
nicht gefällt.
Und in den Tagen vor dem Endspiel fällt
es ihnen noch schwerer als sonst, mit
ihren Gedanken im Klassenzimmer zu
sein.

An diesem Morgen haben sie das Fach „Mensch-Natur-Kultur". Herr Ammann liest die Geschichte eines Massai-Jungen vor, der in den Ebenen Tansanias Rinder hüten muss und sich über die Geburt eines Kälbchens freut. Er beschützt es ganz besonders, damit ihm kein Leid geschieht. Einmal verscheucht er sogar einen Löwen, der in der Nähe herumschleicht.

Die Kinder hören aufmerksam zu und jagen mit dem Massai-Jungen die wilden Tiere davon.
Anschließend teilt Herr Ammann ein Arbeitsblatt aus.

Wie die Massai leben

Kenia und Tansania sind zwei Länder, die im Osten Afrikas liegen. Dort leben heute Millionen Menschen in großen, modernen Städten. Gleichzeitig gibt es viele Menschen, die auf dem Land in Stämmen leben wie ihre Vorfahren vor tausend Jahren. Einen dieser Stämme bilden die Massai. Sie sind Nomaden, das heißt, sie wechseln immer wieder ihren Wohnort. Das tun sie, wenn ihre Rinder einen anderen Weideplatz brauchen, weil sie kein Futter mehr finden. Die Massai haben keine Häuser oder Zelte, sondern Bomas. Das sind runde Hütten aus Ästen, die in den Boden gerammt und dann mit Kuhdung und Lehm verputzt werden. Das Bauen der

Bomas ist seit jeher Sache der Frauen und Mädchen. Mehrere Bomas zusammen bilden eine Manyatta. Alle, die in einer Manyatta leben, gehören zusammen und leben wie in einer großen Familie. Die Mütter behandeln jedes Kind so, als ob es ihr eigenes wäre, und für jedes Kind sind alle anderen Kinder wie Geschwister.

Jede ältere Person einer Manyatta darf ein ungehorsames Kind zurechtweisen und bestrafen.

„Nehmt jetzt bitte euer Heft und teilt eine Seite in drei gleich breite Spalten", sagt Herr Ammann. „In die erste Spalte schreibt ihr: Straßenkinder in Brasilien, in die zweite: Massai-Kinder und in die dritte: Kinder in Deutschland."
Während sie das tun, schreibt der Lehrer vier Fragen an die Tafel:

„Ihr könnt die Fragen in Partnerarbeit
beantworten", sagt Herr Ammann.
Die Mädchen und Jungen arbeiten
konzentriert. Ihr Leben mit dem von
Kindern in anderen Teilen der Welt zu
vergleichen finden sie interessant. Dabei
vergessen sie für eine Weile sogar den
Fußball.

Eine schöne Idee

Am Nachmittag trifft sich die 4b zum letzten Training vor dem Endspiel. Bis auf Joschka, der zum Zahnarzt muss, sind alle da. Auch die Fans. Während auf dem Platz locker trainiert wird, arbeiten sie an einem Schlachtruf.

„Eines ist doch klar, wir holen den Pokal!", schlägt Dicki vor.

„Das reimt sich ja gar nicht richtig", entgegnet Philipp und dichtet: „Die 4b aus Winterlingen wird heute den Pokal gewinnen."

„Das ist auch nicht viel besser", brummt Dicki.

Lisa und Michelle dichten gemeinsam einen Spruch: „Unsre Jungen und die Mädchen sind die Besten hier im Städtchen."

Philipp steuert noch einen anderen bei:
„Eines wollen wir euch sagen, die 4b ist
nicht zu schlagen!"
Sie einigen sich auf die beiden letzten
Schlachtrufe, brüllen sie im Chor über den
Platz und erhalten von ihren Mitschülern
Beifall.

„Wer solche Fans hat, kann gar nicht verlieren", sagt Herr Ammann schmunzelnd. Er sammelt die Mädchen und Jungen um sich. „Ich habe erfahren, dass die Straßberger auf der rechten Seite einen sehr schnellen und gefährlichen Stürmer haben. Um den wirst du dich kümmern, Louis. Du hast nur die Aufgabe, ihn zu stoppen, egal wo er sich aufhält."
Louis nickt.

„Paul beginnt wieder neben Alessio, obwohl er gegen Bitz einen schlechten Tag hatte", fährt Herr Ammann fort. „Aber ich weiß, dass er es besser kann. Und weil Julia gegen Bitz in der zweiten Halbzeit sehr gut gespielt hat, wird sie morgen für Pauline spielen."

Pauline ist so enttäuscht, dass sie die Tränen nicht zurückhalten kann.

„Du wirst auf jeden Fall eingewechselt", sagt Herr Ammann.

Aber im Moment kann das Pauline nicht trösten.

„So, und noch etwas Wichtiges: Wenn es morgen nach einer Stunde Unentschieden steht, gibt es zweimal fünf Minuten Verlängerung", erklärt der Lehrer. „Und wenn dann kein Tor fällt, gibt es Elfmeterschießen. Deswegen üben wir das jetzt noch ein wenig."

Josip stellt sich ins Tor, Enes legt sich als Erster den Ball zurecht und verwandelt ihn sicher.

Während die Jungen und Mädchen nacheinander schießen, flüstert Götze Sophia zu: „Du musst mit dem Innenrist schießen, das ist am sichersten. Und am

besten in die linke Ecke, das ist seine schwächere Seite."

Als sie an der Reihe ist, drückt Götze die Daumen ganz fest. Sophia läuft an, doch weil sie an zu viel denkt, trifft sie den Ball nicht richtig, und Josip hat keine Mühe, ihn zu halten.

„Schade", flüstert Götze.

„Ich will sowieso keinen Elfmeter schießen", sagt Sophia. „Da wäre ich viel zu aufgeregt."

Götze lächelt sie an.

„He, Götze, du bist dran! Oder hast du gerade keine Zeit?", stichelt Cihan.

„Halt die Klappe!" Götze läuft an, knallt den Ball mit voller Wucht unter die Latte, dreht sich um und zeigt Cihan den Stinkefinger.

Zum Glück sieht Herr Ammann das nicht. Zu Götzes Schuss meint er: „Das war sehr riskant, so einer kann leicht drüber gehen."

„Bei mir nicht", brummt Götze.

„Darauf würde ich es morgen lieber nicht ankommen lassen!", sagt Herr Ammann einen Ton lauter. Er möchte von allen noch einen Schuss sehen.

Sophia stellt sich neben Götze und flüstert: „Schieß richtig, sonst wird Herr Ammann sauer."
Götze legt den Ball ziemlich umständlich auf den Elfmeterpunkt. Er scheint noch mit sich zu kämpfen, geht ein paar Schritte zurück, läuft an – und schießt ihn mit dem Innenrist in die linke Ecke.

„Ich hoffe sehr, ein Elfmeterschießen bleibt uns allen erspart", sagt Herr Ammann schließlich. „Aber wenn es doch eines gibt, schießen Enes, Alessio, Cihan, Louis und Daniel."

„Und wer schießt, wenn es im Spiel einen Elfer für uns gibt?", möchte Enes wissen.

„Du oder Daniel, je nachdem, wer von euch sich besser fühlt."

„Besser als ich kann Enes sich gar nicht fühlen", flüstert Götze Sophia hinter vorgehaltener Hand zu und strahlt sie dabei an. Sie strahlt zurück und gibt ihm einen zärtlichen Puffer auf den Arm. Am liebsten würde er sie jetzt küssen, aber das geht hier natürlich nicht.

„Ich möchte euch noch etwas sagen." Mit diesen Worten reißt Herr Ammann Götze und Sophia aus ihren schönen Gedanken. „Egal wie das Endspiel morgen endet, ich

bin schon jetzt mehr als zufrieden mit
euch. Vor allen Dingen freut mich, wie ihr
zu einer echten Mannschaft geworden
seid – und wie ihr euch gegenseitig
unterstützt habt. Das hat mich sehr
beeindruckt. Deshalb spende ich heute
schon fünfzig Euro für die Klassenkasse."

Einen Augenblick lang ist es
mucksmäuschenstill, dann klatscht
Philipp in die Hände und löst damit einen
Beifallssturm und Bravo!-Rufe aus.
Als es wieder ruhig wird, sagt Sophia:
„Dann haben wir über zweihundert Euro in
der Kasse. Die könnten wir doch für die
Straßenkinder in Brasilien spenden."
„Das ist doch viel zu wenig", meint Aylin.

„Dann fragen wir einfach unsere Eltern
und Großeltern, ob sie uns ein paar Euro
schenken, wenn wir das Endspiel
gewinnen", schlägt Götze vor.
Sophia schaut ihn mit großen Augen an,
als sähe sie ihn zum ersten Mal.

„Meine Eltern tun das bestimmt", sagt
Louis.

„Meine auch!", rufen die meisten.

Herr Ammann ist gerührt, das sieht man
ihm an. „Das ist eine sehr schöne Idee –
und ein wichtiger Grund mehr, morgen zu
gewinnen."

Das Tor des Jahres

Gegen 18.00 Uhr trudeln immer mehr Leute auf dem Winterlinger Sportplatz ein. So viele Zuschauer waren schon lange nicht mehr hier. Sogar eine Frau von der Kreiszeitung kommt, um die beiden Mannschaften und den Pokalstifter zu fotografieren. Ihm stellt sie noch ein paar Fragen und notiert die Antworten eifrig auf einen Block. Auch von den beiden Trainern will sie noch einiges wissen.

Je näher der Anpfiff rückt, desto aufgeregter werden die Spielerinnen und Spieler.

„Ich muss dringend noch mal aufs Klo", sagt Sophia.

„Ich komme mit", sagt Paul.

„Mit mir?"

Aylin und Julia kichern.

Paul verdreht die Augen. „Eh, seid ihr doof!" Er läuft los und verschwindet hinter der Tür mit dem Männchen.

Plötzlich ertönt ein schriller Pfiff und der Schiedsrichter bittet die beiden Kapitäne zu sich. Götze verliert die Platzwahl, und die Mannschaft der 4b muss gegen die Sonne beginnen.

Josip setzt seine Mütze auf und zieht sie tief ins Gesicht.

„Siehst du so überhaupt etwas?", fragt Alessio.

„Brauch ich nicht", antwortet Josip, „ich fange die Bälle blind."

„Hahaha!", macht Alessio.

„Beide Mannschaften fertig?", fragt der Schiedsrichter.

„Sophia fehlt noch", sagt Götze.

Doch im gleichen Augenblick kommt sie aus der Toilette gelaufen.

Der Schiedsrichter schmunzelt und wartet kurz, dann pfeift er das Endspiel an. Die Fans der 4b machen mit Rasseln und

Tröten sofort einen Höllenlärm. Doch damit können sie nicht verhindern, dass die Straßberger sich die ersten Chancen erspielen. Und wenn Josip nicht halten würde wie ein junger Manuel Neuer, läge die 4b schon nach einer Viertelstunde im Rückstand. Vor allem Julia ist gegen die schnellen Straßberger Stürmer überfordert und Herr Ammann wechselt Pauline für sie ein.

Götze & Co. kommen nur langsam auf Touren. Es dauert zwanzig Minuten, bis sie zum ersten Mal gefährlich vor dem Straßberger Tor auftauchen. Aber Cihan trifft nur den Pfosten. „Jetzt fängt das schon wieder an!", schimpft er.

Kurz vor dem Ende der ersten Halbzeit fällt Louis auf einen Trick seines Gegenspielers herein, der ihm dadurch entwischt, sich von halbrechts dem Tor

nähert und Josip mit einem Schuss ins
lange Eck keine Chance lässt.
0:1 ist auch der Pausenstand und
entsprechend gedrückt ist die Stimmung
bei der 4b.

„Ihr habt keinen Grund die Köpfe hängen
zu lassen, bei einem Tor Rückstand ist
noch nichts entschieden", sagt Herr
Ammann. „Die Straßberger haben sehr
gut gespielt, ich bin ziemlich sicher, die

können nicht mehr zulegen. Und ich bin ganz sicher, dass ihr das noch könnt. Ihr müsst versuchen, den Ball länger in den eigenen Reihen zu halten. Daniel, du darfst nicht zu defensiv spielen, sonst drücken die Straßberger uns immer wieder hinten rein. Cihan, Aylin, ihr müsst euch mehr bewegen und freilaufen, damit die andern euch besser anspielen können."

Alle nicken und nehmen sich vor, ihre Sache in der zweiten Halbzeit besser zu machen. Und bald wird deutlich, dass sich einige Straßberger in der ersten Halbzeit verausgabt haben. Ihre Schritte werden schwerer und langsamer. Einmal entwischt Götze seinem Gegenspieler leichtfüßig, schickt Cihan, der sich rechts freigelaufen hat, mit einem schönen Pass auf die Reise und läuft in die Spitze.

Cihan flankt, Götze stoppt den Ball mit der Brust und knallt ihn aus der Luft ins Netz. Sekunden später werden Götze und Cihan von den anderen fast erdrückt, und an der Seitenlinie wird das herrliche Tor von ihren Fans bejubelt.

„Das war das Tor des Monats!", ruft Cihans Vater begeistert.

Der Straßberger Trainer wechselt zweimal aus, aber die neuen Spieler sind deutlich schwächer. Für die meisten Zuschauer ist es nur eine Frage der Zeit, wann die 4b in Führung geht.

Da erwischt der schnellste Straßberger einen Querschläger, schaltet den Turbo ein und ist nur noch durch ein Foul zu bremsen. Den fälligen Elfmeter verwandelt er selbst. Danach stellen sich die Straßberger hinten rein, dreschen die Bälle weg und versuchen, den knappen Vorsprung über die Zeit zu retten. Minute um Minute verrinnt und es sieht so aus, als würde ihnen das gelingen. Da kommt es nach einem Freistoß zu einem Gestochere im Fünfmeterraum und plötzlich rollt der Ball ins Tor. So schön Götzes Tor war, so kurios ist dieses, aber es zählt gleich viel.

Herr Ammann feuert seine Mannschaft
noch mal an und kurz vor Schluss treibt
Joschka den Ball nach vorn.
„Lauf mit!", ruft Götze Sophia zu.

Joschka umspielt zwei Abwehrspieler und
passt zu Aylin. Die schiebt den Ball am
Libero vorbei zu Götze. Der hat nur noch
den Torhüter vor und Sophia neben sich.
Der Torhüter stürzt sich ihm entgegen und
hechtet nach dem Ball, doch Götze hebt
ihn im richtigen Augenblick über ihn
hinweg. Dann läuft er mit Sophia weiter.

Ihre Mitspieler und die Fans jubeln schon.
Doch kurz vor der Torlinie bleiben die
beiden stehen, halten sich an den Händen
und treten gleichzeitig gegen den Ball.
Nach dem Schlusspfiff werden sie immer
wieder gefragt, wer denn nun das Siegtor
geschossen habe.
„Wir", sagen sie nur und strahlen sich an.

 **Manfred Mai** ist seit fünfzig Jahren Fußballer. Angefangen hat er als kleiner Knirps bei seinem Heimatverein, dem FC Winterlingen. Dort spielt er aus Spaß auch heute noch bei den Senioren. Dabei merkt er allerdings von Jahr zu Jahr deutlicher, dass die Beine nicht mehr so können, wie der Kopf es möchte. Deswegen verbringt er inzwischen mehr Zeit am Schreibtisch als auf dem Sportplatz. Und manchmal schreibt der alte Fußballer dann Geschichten für junge Fußballer, damit sie nach dem Abpfiff etwas zu lesen haben.

 **Heribert Schulmeyer** studierte an der Kölner Werkschule und machte 1981 seinen Abschluss. Seitdem arbeitet er als freier Illustrator in Köln.
Als knochenharter linker Verteidiger nahm er seit seiner Schulzeit an zahlreichen Wald-und-Wiesen-Turnieren teil. Wegen eines Bandscheibenvorfalls legte er 1986 einen Rückzieher hin.

Leserätsel

mit dem Leseraben

Super, du hast das ganze Buch geschafft!
Hast du die Geschichte ganz genau gelesen?
Der Leserabe hat sich ein paar spannende
Rätsel für echte Lese-Detektive ausgedacht.
Wenn du Rätsel 4 auf Seite 186 löst, kannst du
ein Buchpaket gewinnen!

Rätsel 1

Ordne die Buchstaben!

Wie heißt Götze in Wirklichkeit?

LIDAEN

Was ist Michelles liebstes Hobby?

TIRENE

184

Rätsel 2

Stimmen diese Sätze? Kreuze an! Wenn du dir nicht sicher bist, lies noch mal auf den jeweiligen Seiten nach.

	richtig	falsch
Die Schuhspitze nennt man beim Fußball Pike. (Seite 40)		
Der Pokal wurde von Herrn Ammann gestiftet. (Seite 98)		
Die Klasse will für die Straßenkinder in Brasilien spenden. (Seite 168)		

Rätsel 3

Der Leserabe hat die Sätze auseinander-geschnitten. Welche Satzhälften gehören zusammen?

1. Götze liegt auf seinem Bett   **a.** ist nichts zu sehen.

2. Der nächste Gegner   **b.** und liest.

3. Nur von Paul   **c.** ist immer der schwerste.

Rätsel 4

Beantworte die Fragen zu den Geschichten.
Wenn du dir nicht sicher bist, lies auf den
Seiten noch mal nach!

1. In welchem Fußballverein spielt Götze?
(Seite 10)
   F : Götze spielt beim FC Winterlingen.
   P : Götze spielt beim FC Harthausen.

2. Warum interessiert sich Julia plötzlich so für
Fußball? (Seite 18)
   O : Sie will selber einmal Fußballstar werden.
   I : Weil sie in Florian aus der 4a verliebt ist.

3. Warum kommt Götze etwas zu spät zum
Hallenbad? (Seite 144)
   L : Er musste noch für seine Mutter einkaufen
   gehen.
   W: Er hat so lange gebraucht, um sich schick
   zu machen.

Lösungswort:

1	2	N	A	3	E

 **Rabenpost**

Jetzt wird es Zeit für die Rabenpost! Besuch
mich auf meiner Homepage **www.leserabe.de**
und gib dort unter der Rubrik „Leserätsel" das
richtige Lösungswort ein. Es warten außerdem
noch tolle Spiele und spannende Leseproben
auf dich! Oder schreib eine E-Mail an
leserabe@ravensburger.de.
Jeden Monat werden 10 Buchpakete unter
den Einsendern verlost! Natürlich kannst du
mir auch eine Karte schicken.

An den LESERABEN
RABENPOST
Postfach 2007
88190 Ravensburg
Deutschland

Ich freue mich immer über Post!

Dein Leserabe

Ravensburger Bücher vom Leseraben

1. Lesestufe für Leseanfänger ab der 1. Klasse

ISBN 978-3-473-**36204**-2   ISBN 978-3-473-**36389**-6   ISBN 978-3-473-**36322**-3

2. Lesestufe für Erstleser ab der 2. Klasse

ISBN 978-3-473-**36325**-4   ISBN 978-3-473-**36173**-1   ISBN 978-3-473-**36395**-7

3. Lesestufe für Leseprofis ab der 3. Klasse

ISBN 978-3-473-**36314**-8   ISBN 978-3-473-**36214**-1   ISBN 978-3-473-**36187**-8

www.ravensburger.de
www.leserabe.de

**Oh, so viele
tolle Bücher!**

Ravensburger

ERZ_10_006